L'INFINIE PUISSANCE DU CŒUR

L'INFINIE PUISSANCE DU CŒUR

Trouvez le véritable sens de votre vie

Baptist de Pape

Guy Trédaniel éditeur Québec

Titre original : *The Power of the Heart*
Première édition reliée publiée par Atria Books en octobre 2014

Une division de Simon & Schuster, Inc.
1230 Avenue of the Americas
New York, NY 10020

Traduit de l'anglais par Sonia Le Berre.

www.editions-tredaniel.com

info@guytredaniel.fr

Conception intérieure : Simon Greiner

Conception couverture : Simon Greiner

Illustration de couverture : Simon Greiner

ISBN : 978-2-8132-0784-5

Table des matières

Préface : mon chemin

Accomplir sa Légende Personnelle est la seule et unique obligation de tous les hommes.
PAULO COELHO, *L'ALCHIMISTE*

Je venais de terminer mes études de droit et de recevoir une offre lucrative, assortie d'un contrat de travail, d'un des cabinets d'avocats les plus prestigieux au monde. Il suffisait d'une signature pour embrasser une superbe carrière – pourtant, je décidai de ne pas signer.

Je m'étais mis à réfléchir : que voulais-je vraiment de la vie ? Quel était mon but ? Durant des mois j'avais cherché un emploi qui me conviendrait, or la perspective de rejoindre un cabinet d'avocats renommé et de sillonner la planète pour conseiller des multinationales sur leurs transactions ne semblait plus me correspondre – malgré tous les efforts que j'avais fournis pour obtenir ce diplôme, puis cette opportunité.

Baptist de Pape *(ci-contre)*

J'avais l'impression d'avoir perdu mon chemin et m'inquiétais de mon avenir. Qu'allais-je faire? Tandis que mon inquiétude grandissait, j'avais le sentiment que mon monde s'effondrait lentement.

Une nuit, très tard, je me retrouvai dans l'obscurité de ma chambre, les yeux grand ouverts et l'esprit agité par l'anxiété. Incapable de dormir, je décidai de me lever et de regarder des vidéos de YouTube sur mon ordinateur portable. Je cliquai pour écouter un webinaire d'Oprah Winfrey et Eckhart Tolle intitulé *A New Earth: Awakening to Your Life's Purpose.* Oprah attira aussitôt mon attention avec ces mots : « Je pense que rien n'est plus important que de découvrir quel est le but de sa vie. »

Je m'interrogeai alors : « *S'agissait-il de ce que je vivais? Étais-je en train de tenter de m'éveiller au but de ma vie?* » Au moment où cette pensée me vint, je ressentis une puissante impulsion de mon cœur, telle que jamais encore je n'en avais ressenti. On eût dit que mon cœur lui-même répondait aux questions que je me posais et m'enjoignait de tendre l'oreille, à cet instant précis.

Lorsque je redirigeai mon attention, qui s'était portée sur cette étonnante sensation, vers le webinaire, Eckhart Tolle déclarait : « C'est très bien de vous demander ce que vous voulez de la vie, mais il est bien plus important de vous demander ce que la vie veut de vous. Que vous réserve la vie ? » Pour le découvrir, disait-il, il est important de ménager des moments de silence dans votre vie, car le silence permet d'échapper au bruit mental que l'on appelle « penser ». Les pensées et inquiétudes habituelles peuvent couvrir les messages que la vie vous envoie – les signes silencieux susceptibles de vous guider vers la découverte de votre but. Cela aussi ressemblait à ce que je traversais – j'étais si submergé par mes inquiétudes que je ne parvenais pas à déterminer ce que je devais faire.

Rétrospectivement, je crois avoir été guidé vers ce webinaire cette nuit-là. Les observations d'Oprah Winfrey et d'Eckhart Tolle ont bouleversé ma conscience – et ma vie.

Le matin suivant, je résolus de suivre le conseil d'Eckhart Tolle et de rechercher le silence. Je fis une longue marche dans les bois, sous une pluie battante. Comme j'écoutais le silence qui m'entourait, je me sentis enveloppé par un sentiment de calme profond, que je n'avais jamais connu. Ce calme n'était pas seulement autour de moi, il était également en moi. Pour la première fois de ma vie, j'étais libéré des pensées et inquiétudes qui m'avaient gardé en otage. Je sentis que je pouvais demander ce que je devais faire de ma vie et accueillir la réponse qui se présenterait, quelle qu'elle fût, et qu'elle correspondît ou non aux anciennes idées que je me faisais de ma carrière et de mon avenir. Je réalisai que j'avais eu peur de me laisser renoncer à devenir avocat, après avoir consacré tant de temps et de travail à cet objectif. Je ne voulais pas non plus décevoir mes parents, qui étaient fiers de ma réussite universitaire et de mon choix de carrière.

Debout, immobile, je savourais la paix intérieure que je venais de découvrir, l'absence de toute attente. Je demandai en silence : « Que veut la vie de moi ? » Immédiatement, je ressentis une autre impulsion puissante de mon cœur, plus forte encore que celle de la nuit précédente. Elle était presque douloureuse, comme s'il *fallait* qu'elle fût intense pour forcer mon attention – afin que je « reçoive » la réponse qu'elle m'apportait. J'eus la sensation que mon cœur s'était littéralement ouvert d'un coup. La vague d'émotions fut si forte que j'éclatai en larmes.

Soudain, je vis le but de ma vie. Il m'apparut très clairement : je devais explorer le pouvoir du cœur, de cette énergie qui s'était emparée de moi. Je devais aller trouver les plus grands penseurs, auteurs et enseignants spirituels de notre temps afin de leur demander ce qu'ils savaient du cœur. Et je devais garder la trace de leur sagesse pour la postérité. Je devais réaliser un film qui parlerait du cœur.

Jamais mon esprit, bien entendu, ne m'aurait donné une telle consigne, car je n'étais pas formé à la réalisation cinématographique. Pourtant, pas une fois je n'ai douté que ce serait ma tâche. J'avais découvert le but de ma vie. Ce sentiment était si irrésistible qu'il ne me laissait pas d'autre choix que de bel et bien suivre cette vocation : j'observerais la vie sous l'angle du pouvoir du cœur, et je ferais un film sur ce sujet.

De retour chez moi, je fis mes valises et mobilisai une équipe de tournage. Rien n'allait m'empêcher de faire ce que la vie voulait de moi.

Le but de la vie est de vivre délibérément.
GEORGE BERNARD SHAW

Au cours de l'année suivante, j'ai voyagé à travers le monde et eu la chance de rencontrer et de m'entretenir avec dix-huit éminents scientifiques, penseurs et leaders spirituels de cultures et d'horizons très différents : Isabel Allende, Maya Angelou, Michael Beckwith, Deepak Chopra, Paulo Coelho, Joe Dispenza, Linda Francis, Jane Goodall, John Gray, Rollin McCraty, Howard Martin, Ruediger Schache, Marci Shimoff, Dean Shrock, Eckhart Tolle, Neale Donald Walsch,

Marianne Williamson et Gary Zukav. En partageant leurs histoires inspirantes et remarquables, qui disent l'influence qu'a eue le cœur sur leur vie, ces enseignants ont apporté leurs contributions singulières à la vision que j'avais de mon film – et de mon chemin de vie –, de sorte que je les considère comme les co-créateurs de ce film et de ce livre (leurs biographies figurent à la fin de ce livre).

Ces co-créateurs m'ont accordé le privilège de les interviewer face à la caméra et nous avons, ensemble, réalisé un extraordinaire portrait du cœur. Ils ont confirmé de manière frappante, parfois poignante, ma conviction que le cœur est plus qu'un organe qui fait circuler le sang dans le corps : le cœur est, sans nul doute, une source inépuisable d'amour, de connaissance et d'une intelligence qui surpasse de loin celle du mental.

Ces co-créateurs m'ont enseigné d'importantes leçons sur le pouvoir du cœur, leçons que nous partageons dans le film et que je tiens également à partager avec vous grâce à ce livre. Il se trouve que le cœur possède de nombreux pouvoirs – parmi lesquels l'intuition, l'intention, la gratitude, le pardon, la résilience et, bien sûr, l'amour. Accéder à ces pouvoirs peut entraîner une transformation étonnante de votre perspective sur l'amour, la santé et les relations, et vous permettre de découvrir les talents et les forces cachés qui vous aideront à créer une vie pleinement épanouissante. Ayant la possibilité de transmettre dans ce livre plus de messages livrés par les co-créateurs que je n'ai pu en garder dans le film, je peux ainsi rapporter un plus grand nombre de leurs conseils, qui vous indiqueront les différentes manières de développer ces pouvoirs. Chaque chapitre se termine donc, afin de vous aider sur votre chemin, par une contemplation qui contribuera à vous faire découvrir la sagesse et la voix singulière de votre cœur.

De cette incroyable réunion de penseurs inspirants est né ce trésor de conseils spirituels et pratiques. J'espère qu'avec l'aide de ce livre vous découvrirez le but de votre propre vie, qui se trouve, en ce moment même, enfoui en vous tel un trésor caché. Le moment est venu d'accéder à ce trésor. Le moment est venu de découvrir le pouvoir du cœur.

Voici mon secret. Il est très simple : on ne voit bien qu'avec le cœur. L'essentiel est invisible pour les yeux.

ANTOINE DE SAINT-EXUPÉRY

PREMIÈRE PARTIE

Les chemins qui mènent au cœur

Laisse-toi attirer en silence par l'étrange force
de ce que tu aimes vraiment. Elle ne t'égarera pas.

RUMI

1. Votre pouvoir intérieur

De nombreux maîtres des différentes traditions spirituelles du monde décrivent le cœur comme la source du pouvoir véritable.

La voie n'est pas dans le ciel. La voie est dans le cœur.
BOUDDHA

Tout ce que vous faites, faites-le de bon cœur.
JÉSUS

Demeure au centre de ton être, car plus tu le quittes, et moins tu apprends.
Cherche dans ton cœur […] la manière de faire est d'être.
LAO TSEU

La science moderne a aujourd'hui la preuve que le pouvoir du cœur dépasse sa fonction biologique.

ROLLIN McCRATY

À peu près toutes les traditions spirituelles et chacune des principales religions du monde font du cœur le point d'accès à l'âme, à l'esprit humain, à la sagesse, à l'intuition, à ce type de choses. Et la recherche commence vraiment à démontrer qu'elles ont toujours eu raison sur ce point [...] L'activité cardiaque répond et se modifie avant que le cerveau ne le fasse. Le cœur envoie des signaux mesurables au cerveau, qui ensuite y répond.

HOWARD MARTIN

Les découvertes scientifiques récentes ont convaincu mon cerveau de croire à l'intelligence du cœur. Un important corpus d'études montre que le cœur physique est un centre de traitement d'informations, et non une simple pompe à sang servile. Lorsque la communication entre le cœur, le cerveau et le corps est optimale, il participe au ressenti d'émotions associées depuis longtemps au « cœur », telles que le souci de l'autre, la gratitude, la compassion, l'amour, etc. Les gens savent intuitivement que le cœur et les qualités du cœur sont une réalité. Les études récentes concernant le rôle du cœur physique satisfont nos esprits scientifiques tout en nous permettant de croire plus fermement à ce que nous sentons intuitivement. Elles semblent indiquer l'existence d'une intelligence associée au cœur.

Comment pouvons-nous accéder à cette intelligence et à ce pouvoir ? Comment pouvons-nous les utiliser afin d'en savoir plus sur ce que nous sommes et ce que nous devrions faire ? Selon les mots de Bouddha, « Ton travail est de découvrir ton monde, puis de te donner à lui de tout ton cœur. » C'est ce à quoi les co-créateurs vont nous aider – nous découvrir nous-mêmes, ainsi que notre centre, et le but de notre vie.

MAYA ANGELOU

Je crois que le cœur est l'élément qui a le plus de force et d'impact sur notre vie. Je crois que le cœur nous aide à comprendre qui nous sommes, où nous sommes et comment nous sommes.

Afin de vous connecter à votre cœur, vous devez d'abord avoir conscience de ce qu'il constitue votre essence même.

ECKHART TOLLE

Le pouvoir du cœur est le pouvoir de la vie elle-même, le pouvoir de l'intelligence même qui imprègne et sous-tend l'univers tout entier. C'est un pouvoir qui réside au cœur même de l'univers. Quand vous vivez en étant connecté à cela, vous êtes en contact avec le pouvoir du cœur.

NEALE DONALD WALSCH

Lorsque notre cœur s'ouvre, nous accédons au plus profond secret de la vie humaine, qui est le secret de notre véritable identité.

Grâce à votre cœur, vous trouvez votre chemin dans le monde.

PAULO COELHO

Jamais de votre vie vous ne réaliserez pleinement votre potentiel, si vous n'ouvrez pas votre cœur.

Grâce à votre cœur, vous accédez à une forme de connaissance supérieure.

GARY ZUKAV

Votre cœur vous donne accès à un niveau de compréhension et de logique supérieur. Il est éprouvé dans le cœur. Il est vécu dans le cœur.

Grâce à votre cœur, vous trouvez l'inspiration.

ISABEL ALLENDE

Pour moi, l'inspiration est essentielle. La créativité est essentielle, et je ne peux la trouver que grâce à mon cœur.

C'est aussi grâce à votre cœur que vous avez des intuitions. Votre cœur vous livre en effet les intuitions dont vous *avez besoin*, qui peuvent parfois être inattendues – les intuitions qui vous permettent de trouver votre chemin.

DEEPAK CHOPRA

Votre cœur connaît toutes les réponses, aussi portez votre attention sur lui et réfléchissez. Voilà ce que vous pouvez faire pour commencer.

Votre cœur crée l'amour et vous relie aux autres – à ceux que vous aimez, et à ceux que vous êtes destiné à rencontrer. Votre cœur vous relie également à tous les êtres vivants du monde.

JANE GOODALL

Le cœur, au sens poétique du terme est considéré comme le siège de l'amour et de la compassion ; c'est ce cœur-là qui revêt une importance si capitale.

MARIANNE WILLIAMSON

La vérité de ce que nous sommes est la vérité du cœur, la vérité de ce que nous sommes est l'amour qui réside au-delà du corps.

Enfin, votre cœur vous relie à l'ensemble de la création, à l'univers – à Dieu.

MICHAEL BECKWITH

Le Dr Martin Luther King décrivait tout simplement agapê comme « l'amour de Dieu opèrant dans le cœur humain ».

Explorons, avec les co-créateurs, les nombreux aspects du cœur, et voyons comment nous pouvons accéder à ses étonnants pouvoirs.

2. Cœur et âme

N'oublie pas que ton cœur est là où se trouve ton trésor.

PAULO COELHO, *L'ALCHIMISTE*

Paulo Coelho était l'un des auteurs et enseignants que je souhaitais le plus interviewer en vue du film que j'allais consacrer au cœur et de ce livre, notamment parce que le pouvoir du cœur est le thème central de son roman à succès, *L'Alchimiste*. Le personnage principal, Santiago, voyage jusqu'en Égypte à la recherche d'un trésor enfoui, avant de découvrir que le véritable trésor réside en lui.

Paulo Coelho me reçut dans le bureau de son appartement genevois — le plus saint des lieux saints à mes yeux, où il avait écrit tant de livres merveilleux. Dans ce bureau, où des photos de famille et des œuvres d'art moderne sont accrochées aux murs, règnent le calme et la sérénité. En apercevant un manuscrit en cours d'écriture sur l'écran de son ordinateur, je me sentis comme un fan des Beatles qui aurait vu, entre les jam-sessions dans les studios d'Abbey Road, une Gibson SG 1964 sur laquelle John Lennon aurait joué juste avant.

J'expliquai ma mission et parlai à Paulo Coelho de mes études de droit, de mon appréhension à contrarier les attentes de mes parents, et de ma découverte du pouvoir du cœur. Nous nous reconnûmes immédiatement l'un en l'autre, car Paulo Coelho me raconta alors que c'était sa propre conscience du cœur qui l'avait obligé à écrire. Adolescent, il savait qu'il voulait devenir écrivain, or ses parents s'opposèrent à ce choix de carrière. Ils jugeaient en outre son introversion et son obstination malsaines, et le firent même interner dans un hôpital psychiatrique lorsqu'il eut dix-sept ans. À l'âge de vingt ans, à la demande de ses parents, il entama des études de droit, mais les abandonna pour voyager à travers le monde. Il devint par la suite parolier et journaliste.

PAULO COELHO

Dès le moment où j'ai réalisé que je voulais être écrivain, je me suis dit: « Cela prendra peut-être dix jours, dix ans ou bien vingt ans, mais j'écrirai. » J'ai commencé par écrire des chansons, puis je me suis mis à écrire des articles pour des journaux. Je n'avais pas d'autre choix que de poursuivre mon but en m'adonnant à l'écriture.

Personne ne peut fuir son cœur.
C'est pourquoi il vaut mieux écouter ce qu'il dit.
PAULO COELHO, *L'ALCHIMISTE*

Au cours d'une marche sur l'ancien chemin de pèlerinage de Saint-Jacques-de-Compostelle, au nord de l'Espagne, Paulo Coelho connut un éveil qui l'amena à écrire *L'Alchimiste.*

Son histoire m'émut aux larmes. Il avait vécu et incarné le pouvoir du cœur. Son chemin montre qu'il faut parfois un immense courage pour suivre sa passion et sa voix intérieure, quand personne d'autre que vous ne peut l'entendre ou la comprendre. Votre vaillance, cependant, sera récompensée. Le chemin qui mène de la tête au cœur ne sera peut-être ni court ni facile, mais il vous conduira à votre destinée.

> *Rien n'est vraiment un poncif quand vous faites vraiment [un film] avec tout votre cœur. Si vous le ressentez vraiment, et que c'est authentique, et que vous connaissez des personnes qui l'ont ressenti, cela n'a rien d'un poncif. Cela vous mettra à genoux. Cela vous mettra en larmes. Et c'est là mon travail : raconter ces histoires de manière à surprendre et à rappeler que nous vivons un opéra, à chaque erreur commise et à chaque nouvelle chance qui se présente.*
>
> DAVID O. RUSSELL, RÉALISATEUR

Le langage du cœur

Le cœur est tellement plus qu'un organe vital. Votre cœur est le siège de vos sentiments. Ainsi qu'il est dit dans le livre des Proverbes, « [l'homme] est comme les pensées de son cœur ».

Lorsque vous exprimez vos émotions les plus profondes, vous posez instinctivement votre main sur votre cœur. Et lorsque vous vous désignez vous-même au cours d'une conversation, ce n'est pas votre tête, mais votre cœur que vous pointez du doigt. Notre langue abonde en expressions qui font du cœur le siège de nos sentiments. Nous disons d'une personne pleine de bonté qu'elle a bon cœur ou qu'elle a du cœur, et d'une personne froide et insensible qu'elle est sans cœur. Lorsque vous tenez beaucoup à quelqu'un, il est cher à votre cœur. Vous redonnez du cœur à quelqu'un quand vous lui redonnez courage. Vous donnez votre cœur lorsque vous tombez amoureux. De toutes ces expressions, toutefois, la plus fascinante selon moi est « suivre son cœur » – faire ce que l'on aime faire par-dessus tout.

Aie confiance en toi-même, et tu sauras vivre.

GOETHE

Les sentiments constituent le langage du cœur. Lorsque vous suivez votre cœur, vous n'écoutez pas ce que dit votre tête, mais ce que vous sentez être juste. La voix de votre âme s'exprime elle aussi à travers votre cœur qui, tel un compas, vous indique la bonne direction. Le siège de votre âme – votre essence spirituelle – se trouve dans votre cœur.

HOWARD MARTIN

Il y a des milliers d'années, diverses cultures dans le monde entier considéraient le cœur comme le centre de l'intelligence dans l'organisme humain. Les écrits les plus anciens que j'aie vus à ce sujet datent d'il y a 4500 ans, ils remontent à l'ancienne médecine chinoise. Cette notion de cœur intelligent a perduré tout au long de l'histoire.

Le cœur a longtemps été considéré, non seulement comme un centre émotionnel, mais comme étant doué d'intelligence et de la capacité à prendre des décisions. Dans la médecine traditionnelle chinoise, le cœur est le siège de la connexion entre le corps et l'esprit. Les caractères chinois qui signifient « penser », « pensée » et « amour » incluent tous le caractère qui désigne le cœur. Dans les traditions yogiques, le cœur est notre guide intérieur, au sens propre comme au figuré. En japonais, deux mots différents sont utilisés pour parler du cœur : *shinzu* désigne l'organe physique et *kokoro*, « l'esprit du cœur ».

Un cœur aimant est le commencement de toute connaissance.

THOMAS CARLYLE

Au fil du temps, cependant, cette connaissance ancestrale du cœur a été délaissée, et le respect qui lui était porté a diminué.

DEEPAK CHOPRA

Selon une ancienne légende hindoue, Dieu voulut cacher la vérité aux hommes et dit : « Je veux rendre cette quête intéressante pour eux, aussi c'est dans leur cœur que je veux déposer la vérité. Ils la chercheront ainsi partout ailleurs, avant de découvrir qu'elle réside dans leur cœur. »

Beaucoup recherchent l'épanouissement et le bonheur toute leur vie durant, et tentent souvent de se les procurer en acquérant une belle maison, une voiture de luxe ou d'autres possessions matérielles. Quand la satisfaction qu'elles leur donnaient s'émousse, ils cherchent alors à combler le vide autrement : ils changent de métier, s'offrent des vacances coûteuses, ou trouvent un nouveau partenaire avec qui partager leur vie. Pourtant, comme le découvre Santiago dans *L'Alchimiste*, le plus grand trésor, la source véritable du bonheur et de l'épanouissement, résident en nous, dans notre cœur.

Tout ce qui existe dans l'univers est en toi.
Tout ce que tu veux, requiers-le de toi-même.
RUMI

MARCI SHIMOFF

Toutes les traditions spirituelles au cours de l'histoire ont fait du cœur le siège de l'âme - le diamant dans le cœur, le lotus dans le cœur, le temple dans le cœur. Toutes les traditions considèrent le cœur comme notre véritable essence.

Lorsque vous vous coupez de votre cœur, vous vous coupez de votre véritable moi. Vous pouvez avoir l'impression d'être sans but et sans repères ; le monde qui vous entoure vous semble terne, morne et morose. Vous ne savez plus où mène votre vie. Dès que vous vous reconnectez à votre cœur, cependant, tout commence à s'améliorer. Vous n'êtes jamais vraiment perdu quand vous connaissez votre cœur.

DEEPAK CHOPRA

Pour vous connecter à votre âme, à votre esprit, il suffit de porter votre attention sur votre cœur. Portez votre attention consciente sur votre cœur.

Et la meilleure manière de se connecter à son cœur, selon les recommandations d'Eckart Tolle, de Deepak Chopra et des autres co-créateurs, est de faire le silence en soi.

> ***Le silence est le grand maître, et pour apprendre ses leçons il faut lui être attentif. Rien ne remplace l'inspiration créatrice, la connaissance et la stabilité que l'on acquiert en sachant entrer en contact avec le cœur de son silence intérieur.***
>
> DEEPAK CHOPRA

CONTEMPLATION

Écouter la voix de son cœur

Pour vous connecter à votre cœur, trouvez un endroit calme. Asseyez-vous, et faites taire votre mental. Laissez votre esprit se vider de toute pensée. Écartez doucement toutes les pensées qui vous inquiètent. Laissez votre respiration vous installer dans votre silence intérieur, dans l'espace que vous avez ouvert dans votre esprit. Écoutez vos sensations sans poser de mots dessus. Peut-être entendrez-vous une voix douce et apaisante – non avec votre ouïe, mais avec vos sensations. C'est la voix de votre cœur, qui vous assure que tout ira bien.

En écoutant la voix intérieure de votre cœur, vous serez plus en harmonie avec votre propre vie. Vous retrouverez le sentiment qu'elle a un sens. Vous redécouvrirez qui vous êtes. Vous saurez ce que vous voudrez faire et pourquoi.

Tout finira bien, tout finira bien,
toute chose, quelle qu'elle soit, finira bien.
JULIENNE DE NORWICH

3. S'ouvrir à la sagesse du cœur

Ne laissez pas le bruit de l'opinion des autres couvrir votre voix intérieure. Et surtout, ayez le courage de suivre votre cœur et votre intuition.

STEVE JOBS

Que nous le considérions en tant que source de pouvoir spirituel, ou même en tant qu'organe physique, le cœur est une merveille.

HOWARD MARTIN

Encore aujourd'hui, les scientifiques ne sont pas certains de ce qui déclenche les battements du cœur. Nous avons dans notre physiologie un mécanisme extraordinaire qui marque le commencement de la vie, et pourtant, aussi curieux que cela paraisse, la science contemporaine est incapable d'expliquer précisément pourquoi le cœur se met à battre.

Notre tout premier battement de cœur se déclenche spontanément. Le battement commence à l'instant où les cellules cardiaques spécialisées se forment et se multiplient dans le fœtus. Les cellules battent avant même que le cœur ne soit entièrement formé. Et elles battent de manière synchrone. Aucun stimulus externe ou interne perceptible ne déclenche ces battements. Le battement est une fonction intrinsèque des cellules cardiaques.

NEALE DONALD WALSCH

Le cœur commence à battre au moment où Dieu manifeste sa présence. C'est le commencement de la vie, et je peux vous le prouver. Écoutez votre cœur. Le battement de votre cœur est l'énergie de la vie elle-même. Elle est venue de l'extérieur de votre corps, mais elle anime votre corps et vous fait le don de la personne que vous êtes. Existe-t-il don plus précieux ? Comment pouvons-nous l'oublier, comment pouvons-nous être si peu attentifs à ce qui mérite le plus notre attention ?

Le cœur est mû par une énergie invisible – l'énergie de l'univers, une force qui imprègne l'ensemble de la matière et unit toutes les choses et tous les êtres. Rien dans l'univers n'est plus puissant, rien n'est plus riche de possibilités que cette énergie. Elle est appelée *chi* par les taoïstes, *ruah* dans la culture hébraïque, *prana* dans la religion hindoue, et « énergie vitale » dans la philosophie occidentale. Cette énergie a sa source en dehors du corps, et c'est elle qui déclenche le battement de votre cœur, ainsi que toutes les fonctions vitales.

Neale Donald Walsch *(ci-contre)*

ISABEL ALLENDE

Une fois, j'ai entendu un chirurgien parler de transplantations cardiaques. Il disait que lorsqu'il plaçait l'organe, le transplant, dans le nouveau corps auquel il allait donner vie, le cœur était mort, sans l'être tout à fait. Il touchait alors le cœur, très doucement, et celui-ci se mettait à bouger, à donner vie à ce corps. Je me suis dit que c'était en quelque sorte une métaphore de ce qu'est le cœur. C'est lorsqu'il est touché, que nous savons où est la vie.

MARCI SHIMOFF

C'est dans le cœur que se passe l'essentiel. Et la clé, pour vivre une vie très épanouissante, riche et réussie, est de garder son cœur ouvert. Un cœur ouvert nous permet de porter sur la vie un regard si différent.

S'ouvrir à son cœur signifie vivre une vie passionnée, riche de sens, et qui a une raison d'être. Cela signifie faire ces choses que vous sentez devoir faire, vivre la vie pour laquelle vous êtes né. Garder son cœur ouvert, c'est vivre en accord avec des valeurs de tolérance, d'harmonie, de coopération et de respect de l'autre.

HOWARD MARTIN

La sagesse du cœur est au fond la connexion à notre véritable pouvoir, à cette source de vérité et d'authenticité qui est en nous. C'est elle qui nous permet de rendre manifeste ce que nous désirons. C'est elle qui nous permet d'agir efficacement, de dépasser nos difficultés, nos limites, nos doutes et nos peurs,

Marci Shimoff ***(ci-contre)***

et de faire ce qu'au fond de nous, nous savons vraiment devoir faire. Voilà ce qu'est le pouvoir du cœur en action, et c'est ainsi qu'il nous est le plus utile.

GARY ZUKAV

Qu'est-ce que la sagesse du cœur? C'est la partie de vous la plus saine, la plus ancrée et la plus constructive qui contribue à la Vie avec un grand V.

Parce que votre cœur constitue votre véritable essence, il sait où vous devez aller et pourquoi vous vous trouvez sur cette Terre. Parfois, seul le cœur peut vous dire ce que vous devez faire. Votre cerveau n'a qu'une vision limitée des circonstances dans lesquelles vous vous trouvez, tandis que votre cœur est capable d'évaluer chaque situation d'une perspective plus élevée.

Lorsque le cœur a parlé, il n'est pas convenable que la raison élève des objections.
MILAN KUNDERA

Vous est-il déjà arrivé, alors que vous ne parveniez pas à résoudre un problème, d'aller marcher pour vous aérer l'esprit et d'en trouver ainsi la solution parfaite? C'est là le pouvoir du cœur, qui vous ouvre à l'énergie et à l'inspiration qui vous entourent. Lorsque vous faites le choix d'écouter et d'ouvrir votre cœur, vous accédez à cette puissante source de sagesse.

GARY ZUKAV

La sagesse du cœur voit le pouvoir, la beauté et le potentiel de chaque instant que vous vivez, et chérit chacun d'eux.

Chaque journée qui commence est une nouvelle occasion d'ouvrir votre cœur. Quand vous le faites, vous remarquez ce qui est bon dans les personnes et les choses que vous teniez jusque-là pour acquises. Vous devenez capable de mettre les déceptions en perspective ; vous êtes plus réceptif aux remarquables opportunités qui se présentent à vous régulièrement.

En ouvrant votre cœur, vous prenez conscience de la dimension profonde de votre propre existence. Vous comprenez qui vous êtes réellement et pourquoi vous êtes ici.

ECKHART TOLLE

Le cœur représente la dimension la plus essentielle de votre intériorité. Ne pas être connecté à elle, vivre votre vie comme si cette dimension n'existait pas, c'est au fond manquer la finalité même de votre vie sur terre, quelle que soit votre réussite apparente.

NEALE DONALD WALSCH

Le secret du cœur humain est qu'il renferme non seulement notre identité, mais aussi celle de Dieu, et qu'elles n'en font qu'une.

MAYA ANGELOU

Dieu parle dans le cœur, depuis le cœur. Dieu parle depuis le cœur.

GARY ZUKAV

L'intelligence divine réside dans le cœur. Ce n'est pas dans votre intellect que vous trouverez votre âme.

Par la voix de votre cœur, vous accédez à la dimension divine qui vous habite depuis toujours. Dans votre cœur, cette dimension divine et votre moi le plus authentique ne font qu'un.

Bienheureux les cœurs purs, car ils verront Dieu.
JÉSUS

CONTEMPLATION

Marcher en silence

Chaque inspiration que l'on prend, chaque pas que l'on fait peut être empli de paix, de joie et de sérénité. Il nous faut simplement nous éveiller, vivant au moment présent.

THICH NHAT HANH

La marche consciente est une pratique traditionnelle dans de nombreuses cultures. Le cerveau ne peut ressasser problèmes et inquiétudes lorsque le corps est physiquement actif. Allez marcher – autour de votre appartement ou dans un parc, là où il vous plaît de marcher – afin d'apaiser votre mental et de pouvoir entendre la voix de votre cœur.

Marchez à une allure confortable et soyez attentif à chaque pas. À chaque pas, vous arrivez ici et maintenant. Vous êtes dans le moment présent. Soyez conscient de la manière dont chaque pied touche le sol. Sentez chaque chaque point de contact, du talon à la pointe du pied. Restez conscient de chaque pas, et portez à présent votre attention sur votre respiration. Puis, à chaque pas que vous faites en inspirant, pensez : « Dedans. » À chaque pas que vous faites en expirant, pensez : « Dehors. » À chaque pas et chaque respiration, tandis que votre mental s'apaise, vous créez un espace dans lequel votre cœur peut s'adresser à vous.

Une fois votre esprit et votre corps apaisés, portez votre attention sur votre cœur. Marchez en étant conscient de votre cœur, en compagnie de votre cœur. Si vous vous sentez prêt, demandez-lui : *Que veux-tu que je sache ?*

4. L'intelligence du cœur

Les meilleures et les plus belles choses au monde ne peuvent être vues ni même touchées. Elles doivent être ressenties avec le cœur.

HELEN KELLER

Sans même le réaliser, nous accordons au quotidien plus d'attention à notre mental et à nos pensées qu'à notre cœur et à la voix intérieure qui nous guide. Nous sommes souvent enfermés dans notre tête, autoprogrammés que nous sommes à contenir nos émotions et à rejeter toute impression ou intuition comme étant déplacée, effrayante ou étrange. Le plus souvent, lorsque nous avons une décision importante à prendre, nous pesons le pour et le contre et décidons que le choix rationnel est le meilleur.

Un cœur bon vaut mieux que toutes les têtes du monde.

ROBERT BULWER-LYTTON

Pourtant, combien de fois avez-vous pensé, après avoir pris une décision rationnelle – qu'elle se soit avérée judicieuse ou non – *« Si seulement j'avais écouté mon cœur »* ? Vous est-il arrivé de trouver au moins une raison de ne pas faire ce que votre cœur vous disait de faire, par crainte de la réaction d'une autre personne ? Ou d'inventer des excuses pour ne pas faire ce qu'au fond de votre cœur vous désiriez faire plus que tout ? Quand nous ne prêtons pas attention aux messages du cœur, nous enterrons nos rêves et étouffons notre flamme intérieure.

PAULO COELHO

Je connais beaucoup de personnes qui sont « mortes ». Pourtant elles marchent, elles parlent, elles regardent la télévision. Certaines d'entre elles travaillent même beaucoup, mais cette étincelle d'énergie divine s'est en quelque sorte perdue. Non qu'elle soit perdue à jamais – cet enfant qui habite notre âme peut toujours resurgir et faire rejaillir l'étincelle. Mais ces personnes renoncent au rêve qu'elles ont. Elles perdent contact avec ce rêve. Une personne déconnectée de son cœur ne vit pas.

Lorsque vous êtes complètement coupé de votre cœur, vous vous sentez mal à l'aise, comme si vous viviez à la surface, et que vous manquiez quelque chose. Que vous soyez désenchanté ou frustré, demandez à votre cœur de vous connecter à vos émotions les plus intimes – elles sont l'étincelle d'énergie divine qui est si essentielle pour vivre délibérément.

MICHAEL BECKWITH

Le cœur est doté d'une intelligence qui surpasse de loin ce que notre mental peut appréhender.

Paulo Coelho ***(ci-contre)***

Il se peut que vous suiviez inconsciemment les incitations de votre cœur, sans avoir conscience d'elles de manière générale. Pour prendre conscience de l'intelligence de votre cœur, il suffit d'ouvrir votre cœur et d'être à l'écoute de sa voix intérieure.

PAULO COELHO

Ne perdez pas espoir. Dieu trouve le moyen de vous assommer trois ou quatre fois en disant : « Allez ! N'oublie pas quel est ton but dans la vie ! » Donnez une chance à votre rêve. Vous ne le regretterez pas. Je ne dis pas que vous ne souffrirez pas. Je ne dis pas que vous ne connaîtrez pas d'échecs. Je dis que vous ne le regretterez pas.

Votre cœur vous révèle ce qui a du sens *dans* votre vie ainsi que le sens *de* votre vie. Il vous connecte à une source de connaissance supérieure, à laquelle votre mental ne peut vous faire accéder. Le philosophe Blaise Pascal n'aurait pu mieux le dire : « Le cœur a ses raisons que la raison ne connaît pas. »

Steve Jobs, qui fut le cofondateur et le patron d'Apple, tenait le cœur pour la source de l'inspiration et de l'épanouissement. Il attribuait directement les succès qu'il avait obtenus au pouvoir du cœur : « La seule manière d'être vraiment satisfait, c'est de faire ce qui, à vos yeux, est de l'excellent travail. Et la seule manière de faire de l'excellent travail, c'est d'aimer ce que vous faites. Si vous ne l'avez pas encore trouvé, continuez à le chercher, n'y renoncez pas. Comme toujours dans les affaires de cœur, vous saurez ce que c'est lorsque vous le trouverez. Et comme toute relation exceptionnelle, vous l'apprécierez de plus en plus au fil des ans. Par conséquent, continuez à chercher. Ne renoncez pas. »

Grâce à votre cœur, vous comprenez quel est votre plus grand désir, votre plus grande passion, et grâce à lui vous trouvez la spontanéité et la créativité nécessaires pour vous dégager de tout ce qui entrave votre vie et votre imagination au quotidien – pour vivre pleinement. Lorsque vous ouvrez votre cœur, c'est tout votre monde qui change – il s'ouvre autour de vous. Vous vous percevez comme faisant partie d'un univers bienveillant et riche de possibilités, qui génère et régénère une énergie positive.

DEEPAK CHOPRA

Entrer en contact avec son cœur, c'est comme se brancher à cette conscience ou esprit universel. Votre cœur est un petit ordinateur branché sur l'ordinateur cosmique dans lequel tout est inséparablement un.

Votre cœur vous permet de vous relier au formidable serveur qu'est l'univers. Ce serveur est omniprésent, même quand vous rencontrez un problème de connexion. Lorsque vous êtes en prise avec l'énergie de l'univers, vous accédez à une perspective globale, dans laquelle votre vie et celle des autres sont interconnectées. Votre cœur sait ce qui fera votre bonheur.

NEALE DONALD WALSCH

Si je pouvais donner un conseil à tout le monde, en particulier aux jeunes gens, ce serait celui-ci : servez-vous de votre cœur. Oubliez votre mental. Votre mental ne fera que vous enfermer dans l'histoire que vous vous racontez, dans votre imagination, dans votre idée, qui est généralement la pire idée que vous puissiez vous faire d'une situation. Mais votre cœur, lui, connaît la vérité. Écoutez votre cœur, et vous ne pourrez pas vous tromper. Vous ne vous tromperez pas.

Votre cœur voit votre vie comme un fleuve qui suit son cours – depuis sa source jusqu'à la mer – tandis que votre mental est incapable de voir plus loin que le prochain méandre. Votre mental est focalisé sur un amas de préoccupations immédiates et d'objectifs à court terme qui peuvent cacher la vue de votre but supérieur. Votre mental vous fait ramer à reculons, un coup de rame après l'autre, le dos tourné à votre destination, de sorte que vous ne voyez que les endroits où vous êtes passé, après les avoir déjà dépassés. Voilà pourquoi, quand vous heurtez un écueil ou qu'il vous faut changer de cap, vous êtes frustré.

Lorsque vous vous ouvrez à votre cœur, cependant, vous découvrez qu'il savait ce que votre mental était trop préoccupé pour remarquer – vous approchiez des rapides et il fallait vous y préparer. Ouvrez-vous à votre cœur. Sa conscience supérieure vous parlera tout bas, et vous avertira des signes de turbulence. Il s'adressera à vous à travers votre intuition, et non votre raison.

PAULO COELHO

Vous commencez par écouter, écouter votre cœur. Ensuite, vous commencez à réaliser son souhait dans la réalité du monde physique.

Afin d'écouter votre cœur, prenez le temps de trouver la paix et le calme. Quand vous êtes constamment connecté aux autres par téléphone, SMS ou e-mail, vous ne laissez pas à votre cœur la possibilité de vous envoyer ses propres messages. Tous vos circuits sont occupés, si bien que votre voix intérieure ne peut se faire entendre. Quand vous êtes distrait par votre travail ou par vos inquiétudes, vos pensées sont fragmentées en de multiples bribes.

ISABEL ALLENDE

C'est quand nous sommes dans le silence que nous pouvons nous connecter à notre cœur. Nous vivons dans le bruit et sommes constamment occupés, si bien qu'il n'y a ni temps, ni espace, ni silence pour le cœur. C'est pourquoi les gens méditent ou prient : ils ont besoin de cet espace, de ce moment où ils écoutent leur cœur.

Nous avons tendance à nous hâter tout au long de nos journées, en nous sentant parfois pris au piège ou débordés ; à d'autres moments, nous nous faisons l'effet de somnambules routiniers. Nombreuses sont les choses sur lesquelles nous n'avons aucune prise ni même aucune influence : les maladies incurables, les catastrophes naturelles, la mort. Mais beaucoup d'autres choses peuvent échapper à notre contrôle ou à notre attention du fait que nous n'entendons pas les chuchotements de notre cœur à cause du bruit que fait notre mental. Lorsque vous apaisez votre mental, vous le mettez en phase avec votre cœur.

MICHAEL BECKWITH

Si nous n'écoutons pas notre cœur, nous écouterons le bavardage du monde, et nous finirons par obéir aux injonctions d'une société consumériste, préoccupée par l'avoir, en proie à la peur et à l'inquiétude, et nous n'aurons pas vécu notre vie. Nous devons vivre notre vie. Le cœur détient les réponses.

Portez votre attention sur votre cœur et connectez-vous au serveur universel qui englobe toute chose. Les informations vitales qu'il contient vous aideront à vivre votre vie pour vous, et vous permettront de discerner, au-delà de vos responsabilités quotidiennes et de vos objectifs à court terme, votre but supérieur.

JANE GOODALL

Si nous excluons le cœur de nos considérations, nous prenons alors des décisions en fonction de questions telles que « En quoi cela me sera-t-il utile ? » et « Comment cela affectera-t-il la prochaine assemblée d'actionnaires ou la prochaine campagne politique ? »

Sortez de votre tête afin d'entendre la voix de votre cœur. Prenez le temps de rester assis en silence, afin de pouvoir rassembler toutes ces pensées et impulsions en un seul point de concentration. Vous pouvez ensuite entraîner votre attention à se porter sur ce qui est important, et vous voir vous-même ainsi que ce que vous devez faire, là où vous devez aller.

PAULO COELHO

Lorsque vous écoutez votre cœur, vous pouvez ouvrir la porte.

Votre mental et votre attention sont semblables à un muscle. Chaque muscle a besoin d'être exercé, et l'exercice dont votre attention a besoin est la concentration silencieuse, ou pleine conscience. Cela conditionne votre esprit à se concentrer, au lieu de se disperser. Respirer, marcher ou rester assis en pleine conscience, renforcent votre conscience, de sorte que votre mental se met en phase avec l'intelligence qui bat dans votre cœur.

> ***Tous ceux qui invoquent Dieu sincèrement, avec leur cœur, seront certainement entendus, et recevront ce qu'ils ont demandé et désiré […]***
>
> MARTIN LUTHER

Ce que vous dit votre cœur peut parfois paraître étrange ou illogique – au premier abord. Ne rejetez toutefois pas ces messages d'emblée. Restez assis et écoutez-les. Ne tentez pas de les analyser, mais jugez-les en fonction des sensations qui les accompagnent. Le chemin qui mène au cœur passe par le ressenti. L'inspiration qui naît du cœur est associée à une sensation organique et naturelle. Laissez cette voix vous indiquer ce qu'elle signifie. Demandez-vous : « *Quelle sensation ce message me fait-il ressentir ?* » Lorsqu'un choix est inspiré par votre cœur, vous le savez, car vous avez alors la sensation qu'il est juste.

MAYA ANGELOU

Incroyable ! Vous écoutez le cœur, vous écoutez. Cela peut vous sembler frivole au début, mais il a besoin de vous. « Allez, vous dit-il, je vais te montrer ce qu'il faut vraiment que tu fasses. »

Si vous ne savez que faire, ne faites rien. Ne meublez pas votre temps avec des futilités. Contentez-vous de ne rien faire. Contentez-vous d'être assis. Ne faites rien, et peut-être pourrez-vous alors entendre votre cœur.

CONTEMPLATION

S'asseoir et écouter

Asseyez-vous dans un endroit calme, afin de permettre à votre corps et à votre esprit de se mettre en phase – d'être au même endroit en même temps. Prenez trois respirations, en inspirant et en expirant lentement et profondément, pour apaiser votre mental. Portez votre attention sur votre cœur afin de pouvoir l'entendre, lui qui est le siège de votre âme. En dirigeant votre attention sur votre cœur, vous accédez à l'intelligence du cœur. Vous la rendez plus disponible. Votre cœur devient adaptable, flexible.

Concentrez votre attention sur votre respiration tandis que vous inspirez et expirez. Si des pensées ou des soucis apparaissent, laissez-les s'éloigner en flottant, tout en ramenant votre attention sur votre respiration. Vous donnez ainsi à votre cœur un espace dans lequel il peut vous parler. Concentrez-vous uniquement sur votre inspir et votre expir… Inspirez et expirez…

Lorsque vous vous sentez calme, portez à nouveau votre attention sur votre cœur. Posez-vous ces questions afin de vous connecter à son énergie : *Qu'est-ce qui me rend heureux ? Qu'est-ce que j'aime faire ? Qu'est-ce qui m'apporte de la joie ? Quelles sont mes passions ? Qu'est-ce qui m'inspire et me donne le sentiment d'être épanoui ?*

Demandez-vous à présent ce qui vous empêche de vous connecter à votre cœur : *Quelles sont les choses que je fais et qui ne me rendent pas heureux, qui m'empêchent d'être joyeux ?* Demandez-vous ensuite : *Que puis-je faire pour dépasser ce qui m'empêche de me connecter à toi ? Quel changement, petit ou grand, puis-je opérer ? Comment puis-je me sentir inspiré et épanoui ?*

Accueillez la réponse de votre cœur, même si vous avez peur de l'entendre. Votre cœur vous révélera la vérité et vous aidera à trouver votre chemin. Votre cœur détient toutes les réponses.

5. La cohérence : vivre dans le moment présent

> ***Le moment présent meurt à chaque instant pour devenir le passé, renaît à chaque instant dans le futur. Toute expérience a lieu dans le moment présent. Le moment présent n'a pas de fin.***
>
> DEEPAK CHOPRA

Il est évidemment important que votre cœur batte, mais ce qui importe aussi, c'est comment il bat.

L'Institute of HeartMath, l'un des plus importants instituts de recherche sur le cœur et ses effets sur notre vie, a démontré l'existence d'un lien entre le battement cardiaque et l'état émotionnel. Votre cœur réagit beaucoup plus rapidement que votre cerveau aux événements qui vous entourent, car les émotions sont plus rapides et plus puissantes que les pensées. Votre cœur reflète également votre état émotionnel plus que ne le fait votre cerveau. En d'autres termes, lorsque vous êtes effrayé, nerveux ou frustré, votre rythme cardiaque est instable et irrégulier. Mais quand vous ressentez de l'amour, que vous vous sentez apprécié ou que vous êtes absorbé par la création de quelque chose, le profil de la courbe de votre rythme cardiaque est totalement différent. Il est plus régulier et plus lisse ; les scientifiques qualifient ce profil de « cohérence cardiaque ». Lorsque votre rythme cardiaque est cohérent, votre corps et votre esprit sont équilibrés et dans le présent. Vous fonctionnez de manière optimale physiquement et mentalement, en étant dans le moment présent.

Chaque instant est unique, inconnu, totalement frais.
PEMA CHÖDRÖN

Afin d'expérimenter la cohérence cardiaque, vous pouvez vous connecter à votre cœur en pratiquant un exercice simple mis au point par l'Institute of HeartMath : l'exercice de tranquillité intérieure décrit à la page 47.

Un rythme cohérent améliore le fonctionnement de tous les autres systèmes de notre corps : les systèmes cérébral et nerveux, les systèmes immunitaire et endocrinien, les systèmes digestif et circulatoire. Lorsque notre rythme cardiaque devient incohérent en raison d'émotions négatives comme la peur ou la colère, notre système immunitaire est affecté négativement.

MARCI SHIMOFF

La cohérence du rythme cardiaque est en fait l'état de fonctionnement optimal de notre cœur. Mais ce n'est pas par la pensée que l'on crée cette cohérence – il ne suffit pas de penser à l'amour pour normaliser notre rythme cardiaque. Il nous faut éprouver réellement de l'amour, éprouver de la gratitude, éprouver le souci de l'autre, éprouver de la compassion. C'est cela qui nous met dans cet état de cohérence optimal.

Lorsque vous vous connectez à votre cœur, vous amplifiez vos émotions positives, qui sont au cœur de votre pouvoir authentique.

L'exercice de tranquillité intérieure, ou réponse d'amour

Étape 1 : Fermez les yeux. Posez une main sur votre cœur. Ce simple geste provoque la libération d'une substance chimique appelée ocytocine (connue sous le nom d'« hormone de l'amour ») dans votre corps.

Étape 2 : Imaginez que vous inspirez et que vous expirez par le cœur. Expirez plus profondément que vous n'inspirez, comme si la gravité attirait votre respiration jusqu'au sol. Inspirez en comptant jusqu'à six, puis expirez en comptant jusqu'à six, en expirant plus profondément que vous n'inspirez. Continuez ainsi jusqu'à ce que votre respiration devienne calme et naturelle.

Étape 3 : Continuez à respirer par le cœur. Sur une première inspiration, imaginez que vous inspirez de la tranquillité, que vous inspirez de l'amour et de la compassion. Expirez normalement. Sur une deuxième inspiration, inspirez tranquillité, amour et compassion. Puis expirez. Sur votre troisième inspiration, sentez que vous aspirez tranquillité, amour et compassion à travers votre cœur. Sur l'expiration, vous pouvez retirer votre main de votre cœur et ouvrir les yeux.

Notez à présent les sensations que vous éprouvez dans votre corps, et la différence par rapport à celles que vous éprouviez il y a une minute. Peut-être vous sentez-vous plus léger, plus détendu, plus tranquille. Peut-être éprouvez-vous une sensation de chaleur dans votre cœur, ou même dans tout votre corps.

Pratiquez cet exercice chaque fois que vous le pouvez. Essayez de le faire en particulier quand vous ne vous sentez pas trop stressé (ou que vous vous sentez vraiment bien). Il vous sera ainsi plus facile d'y recourir lorsque vous serez stressé et que vous aurez besoin de vous calmer. Vous pourrez le faire en gardant les yeux ouverts, après la première fois.

Si vous pratiquez cet exercice trois ou quatre fois par jour au cours des prochaines semaines, vous commencerez à installer en vous cette réponse de tranquillité intérieure ou d'amour. Elle deviendra de plus en plus habituelle, jusqu'à devenir votre état par défaut. Il vous suffira alors de poser une main sur votre cœur pour déclencher automatiquement tout le processus.

GARY ZUKAV

Comment se connecter à son cœur ? Cette question constitue le cœur même de la création du pouvoir authentique. Créer un pouvoir authentique consiste à apprendre à distinguer l'amour de la crainte en soi-même, et à choisir l'amour, quoi qu'il se passe au dedans ou au dehors de soi.

Il existe de nombreuses manières de se connecter à son cœur et de vivre dans le moment présent. Il existe autant de manières de se connecter au cœur que de personnes.

ISABEL ALLENDE

Je me connecte à mon cœur grâce à la nature, grâce à mon chien. J'adore jouer avec mon chien. J'ai ensuite la sensation que mon cœur explose, et je ressens la chaleur de mon cœur.

On sait que les animaux et la nature ouvrent notre cœur, nous calment, réduisent la pression sanguine et diminuent le stress.

JANE GOODALL

Si vous ne passez pas de temps dehors, dans la nature, à entendre les oiseaux chanter dans les arbres et à regarder le ciel bleu, vous êtes séparé du grand être spirituel dont je ressens la présence tout autour de nous, et qui se trouve dehors, dans la nature. Or ce n'est qu'en étant relié à lui que vous pouvez devenir un être humain épanoui, dont le cœur, le cerveau et l'esprit sont complètement connectés et épanouis.

Jane Goodall *(ci-contre)*

Nombreux sont les chemins qui mènent au cœur. Les enfants suivent généralement bien leur cœur. Ils sont guidés par leur enthousiasme et leur intuition, jusqu'à ce qu'on leur ordonne de contenir leurs élans. Pour vous connecter à votre cœur, il peut vous être utile de vous reconnecter à votre enfant intérieur. Pensez à ce qui vous animait et vous emplissait de joie lorsque vous étiez jeune. Laissez-vous le ressentir à nouveau, même si c'était une chose très simple – une couleur, un endroit, un jouet, un aliment, un jeu, une visite en compagnie d'un parent ou d'un ami. C'est ainsi que vous vous connecterez à votre cœur.

PAULO COELHO

Pour vous connecter à votre cœur, devenez un enfant.

En vérité, je vous le dis : si vous ne changez pas pour devenir comme les petits enfants, vous n'entrerez pas dans le Royaume des cieux.
JÉSUS

Se reconnecter à son enfant intérieur ne revient pas à se comporter de manière puérile. Il s'agit plutôt de permettre à votre moi adulte d'être guidé par votre enfant intérieur, par cette voix intérieure qui vous indique la bonne direction en chuchotant doucement. Le cœur vous révèle les coordonnées de votre véritable itinéraire. Vous ne perdrez pas votre chemin, même lorsque vous semblerez loin des sentiers battus.

ISABEL ALLENDE

Lorsque je joue avec les enfants, que je fais l'amour à mon mari, que je lis un bon livre, ou qu'en écrivant je sens que le personnage devient une personne et s'adresse à moi, je ressens des palpitations dans mon cœur. Voilà, je crois, ce qui nous connecte au cœur: la créativité, la nature, l'amour, la prière et le silence.

Quoique les gens diffèrent dans leur manière de se connecter à leur cœur, le sentiment d'être connecté est une expérience universelle, qui transcende les frontières nationales et relie les âmes dans le monde entier. L'amour vous connecte aux autres. Où que vous soyez, vous percevez immédiatement l'amour d'une mère pour son enfant – la connexion entre leurs cœurs est palpable.

MARIANNE WILLIAMSON

Sur tous les continents, partout sur cette planète, on voit les mères porter leur enfant, prendre soin de leur bébé, et manifester l'amour qu'elles portent à leurs enfants. Lorsqu'en vous promenant n'importe où dans le monde, vous voyez des amoureux qui ont visiblement le sentiment d'avoir trouvé une relation précieuse, et que vous le percevez, et que cela vous touche, c'est la vie du cœur.

Nous pouvons également nous connecter à notre cœur en faisant face aux difficultés. Notre propre mortalité, la perspective de la mort, nous encourage à écouter notre cœur et à laisser s'exprimer sa voix intérieure, malgré toutes les peurs ou inquiétudes qui peuvent nous habiter. Steve Jobs s'est connecté à son cœur en étant confronté à sa propre mortalité, ce qui l'a aidé à prendre d'importantes décisions. « Car presque tout, raisonnait-il, toutes les attentes extérieures, tout orgueil, toute crainte de l'embarras ou de l'échec – ces choses-là s'effacent face à la mort, en laissant place à cela seul qui importe vraiment. »

Il n'y aucune raison de ne pas suivre son cœur.
STEVE JOBS

ECKHART TOLLE

Comment se connecter à son cœur? Voici le point de départ: vous n'avez jamais que cet instant. Par conséquent, regardez cet instant plus profondément.

Le pouvoir du cœur est le pouvoir du moment présent, d'être conscient de ce moment. Ayez conscience de l'abondance de la vie en ce moment même. Si vous demeurez bloqué dans le passé, accroché à un fardeau de vieilles déceptions ou d'anciennes relations, il vous est impossible de saisir les richesses du présent. Si vous vous inquiétez trop de ce que sera demain, vous ne pouvez pas entendre votre cœur aujourd'hui.

MICHAEL BECKWITH

Pour accéder à la sagesse du cœur, nous devons l'écouter. L'écouter humblement. Selon les mots de Ralph Waldo Emerson: « Demeure coi, tourne-toi vers l'intérieur de toi, et aie conscience que les réponses ne sont pas ailleurs, quelque part dans le monde. » Les réponses, l'intuition qui nous guide, la sagesse, sont en nous.

Les réponses se trouvent dans votre cœur. Voyez votre vie comme une succession de moments présents. Plus vous réussissez à inspirer et à vous imprégner complètement de ce moment, mieux vous entendez la voix de votre cœur.

Michael Beckwith *(ci-contre)*

MAYA ANGELOU

C'est tout ce qu'il y a à écouter, je crois. Je sais que grâce à l'ouïe on peut écouter les oiseaux, le bruissement des feuilles des arbres, et la rivière qui coule, et le flux et le reflux de l'océan. Cependant, ce n'est qu'avec le cœur que nous entendons vraiment. Entendre plus que des informations, c'est là la sagesse. C'est ainsi que l'on écoute vraiment. On y parvient en devenant calme, il faut devenir calme.

Réfléchissez à un beau moment tout en le vivant. Autorisez-vous à apprécier même des choses triviales et ordinaires. Voyez combien elles sont réellement importantes : une bonne conversation, une chanson préférée, une chaise confortable, un rayon de soleil jetant un coup d'œil furtif au travers d'une nappe nuageuse.

> ***Si vous embrassez le moment présent et devenez un avec lui, si vous vous fondez en lui, vous connaîtrez le feu, l'étincelle, le scintillement de l'extase […] vous deviendrez insouciant, joyeux et libre.***
>
> DEEPAK CHOPRA

Cueillez le jour présent ! Jouez avec votre enfant, écoutez de la musique, marchez dans un parc, faites l'amour, lisez de la poésie. Concentrez-vous sur ce qui est bon. C'est ainsi que vous restez connecté à votre cœur.

ECKHART TOLLE

Écouter votre cœur signifie être connecté au niveau le plus profond de votre intériorité.

Le cœur est par nature calme et paisible, clair et fort ; ce sont les caractéristiques de votre niveau de conscience le plus profond. Plus vous serez en relation étroite avec votre essence, plus vous deviendrez aimant, et plus vous tirerez de plaisir de tout ce que vous rencontrerez sur votre chemin.

GARY ZUKAV

Plus vous le ferez, plus les parties aimantes de votre personnalité et leurs expériences commenceront à emplir votre champ de conscience, autrement dit, plus vous serez aimant. C'est ainsi que l'on commence à exprimer son cœur.

Comme le dit le père Matthew Fox : « Si vous êtes coupé de votre passion, d'où viendra votre compassion ? » Même lorsque vous vous retrouvez dans une situation triste ou difficile, vous pouvez vous fier à votre cœur pour vous guider. À mesure que vous saurez mieux écouter votre cœur, il vous connectera à d'autres personnes et vous communiquera des options et des solutions. Laissez votre cœur ouvrir vos yeux à ce que votre mental n'a peut-être pas envisagé. La décision qui naîtra de votre cœur sera toujours la bonne pour vous.

La seule chose à jamais se produire, c'est vraiment le Présent.
ECKHART TOLLE

CONTEMPLATION

Conscience du moment présent

Vous avez rendez-vous avec la vie maintenant, dans le moment présent. Prenez une minute pour inspirer et expirer. Vous pouvez respirer consciemment n'importe où – assis dans votre voiture, dans le métro ou dans le bus, dans une file d'attente ou en faisant à pied le tour du quartier. Pratiquez la réponse d'amour – l'exercice de tranquillité intérieure. Fermez les yeux. Posez une main sur votre cœur. Imaginez que vous inspirez et que vous expirez par le cœur. Inspirez et expirez six fois, ou bien jusqu'à ce que votre respiration devienne calme et naturelle, en expirant plus profondément que vous n'inspirez. Puis, à chaque inspiration, sentez que vous inspirez tranquillité, amour et compassion à travers votre cœur. Expirez normalement.

Continuez à respirer consciemment. Votre respiration vous fait prendre conscience de vous-même dans le moment présent, où que vous soyez. Lorsque vous avez calmé votre mental en pratiquant cette respiration, vous pouvez accueillir les belles choses qui vous entourent en ce moment même. Voyez votre vie comme une succession de moments présents. Le passé n'est plus, le futur n'est pas encore. En étant dans le présent, vous êtes en contact avec votre cœur. Écoutez ce qu'il veut vous faire entendre.

DEUXIÈME PARTIE

Les pouvoirs intérieurs

Le pouvoir de créer un avenir meilleur est contenu dans le moment présent : c'est en créant un bon présent que l'on crée un bon avenir.

ECKHART TOLLE

6. Le pouvoir de la gratitude

C'est par la gratitude pour le moment présent que s'ouvre la dimension spirituelle de la vie.

ECKHART TOLLE

La gratitude, la capacité à voir toutes les raisons que nous avons d'être heureux, est la suprême manière de se connecter à son cœur.

NEALE DONALD WALSCH

Je crois que le cœur est gratitude. Je crois que le cœur est un sentiment – le sanctuaire des sentiments les plus profonds qui puissent être éprouvés au cours de l'expérience humaine. Le sentiment de gratitude est de ceux-là. Le sentiment d'être reconnaissant, et d'être si épris de la vie et de tout ce qu'elle comporte, et même, si j'ose m'exprimer ainsi, d'être épris de nous-mêmes.

Lorsque vous êtes reconnaissant de tout ce que vous avez, votre cœur est ouvert. Vous exprimez votre gratitude aux personnes qui sont dans votre vie, et elles en font autant à votre égard. La gratitude accroît encore l'abondance.

MARCI SHIMOFF

On me demande souvent : « Quel est le plus court chemin vers l'amour ? » La seule réponse, selon moi, est : « La gratitude. » Lorsque nous sommes reconnaissants de ce qui arrive dans notre vie, c'est que notre cœur est ouvert. C'est une manière de remarquer et de savourer ce qui arrive de bon dans notre vie.

Il existe un vieil adage anglais selon lequel « Ce dont on est reconnaissant s'apprécie. » Lorsque vous éprouvez de la gratitude pour une chose, elle devient plus abondante dans votre vie.

Vous pouvez éprouver deux niveaux de gratitude. Le *premier niveau* de gratitude concerne les choses et les interactions du quotidien. Cela peut aller de la gratitude d'avoir un toit sur sa tête et de quoi nourrir ses enfants, à celle d'avoir reçu par hasard dans la rue un sourire d'un passant. Le *second niveau* de gratitude consiste à être capable d'être reconnaissant de ce que l'on a, même à la suite d'une grande perte.

ECKHART TOLLE

Être reconnaissant est un autre aspect essentiel du fait de vivre en étant connecté à son cœur. Cela vient naturellement.

NEALE DONALD WALSCH

La gratitude est une attitude qui change tout. C'est pourquoi je conseille à ceux qui veulent vraiment user de tout le pouvoir de la gratitude, d'y recourir non seulement après, mais même avant tout événement.

JOE DISPENZA

Nous rendons généralement grâce pour ce qui s'est déjà produit. Nous avons donc été, en un sens, hypnotisés et conditionnés à croire qu'il nous faut une raison pour ressentir de la joie, qu'il nous faut une raison pour ressentir de la gratitude.

Cultivez la gratitude. Votre vie prendra une nouvelle dimension, plus positive.

MARCI SHIMOFF

Les scintigraphies cérébrales des personnes qui expérimentent un état d'amour inconditionnel révèlent une activité cérébrale plus importante, et montrent qu'ils sont plus intelligents, qu'ils deviennent plus créatifs. Éprouver plus de gratitude ou pardonner augmente l'intelligence.

Pour accroître votre conscience de tout ce qui mérite votre gratitude et devenir plus réceptif à ce qui est beau et aimant dans votre vie, tenez un journal de gratitude. Commencez chaque journée en écrivant au moins cinq choses dont vous êtes reconnaissant. Les personnes qui notent régulièrement ce dont elles sont reconnaissantes sont plus heureuses que les autres – et leur bonheur dure. Tenir un journal de gratitude est même plus efficace que de suivre une thérapie ou de prendre des médicaments antidépresseurs.

HOWARD MARTIN

C'est extrêmement simple : plus nous sommes reconnaissants, plus nous recevons. La reconnaissance est un sentiment lié au cœur. C'est l'intelligence du cœur qui permet d'apprécier ou d'éprouver de la gratitude, en particulier lorsque les choses ne se passent pas comme nous le souhaiterions. Si, lorsque vous traversez des périodes difficiles, vous trouvez une raison d'être reconnaissant de votre situation, ou que vous éprouvez de la gratitude pour une raison extérieure à cette situation, cette attitude modifie votre énergie extrêmement rapidement, ce qui accroît votre résilience et vous permet ainsi de surmonter le problème. Cette résilience vous permet de voir clair dans votre situation, puis de trouver comment y faire face.

Au *second niveau* de gratitude, vous rendez grâce même lorsque vous connaissez de grandes déceptions, telles qu'une rupture amoureuse ou la perte d'un emploi, ou même malgré une grande tristesse ou une tragédie, comme la mort d'un proche. Cette gratitude vous aide à ouvrir la voie à une nouvelle vie. Même les pires choses qui vous soient jamais arrivées – une maladie, un handicap ou une perte terrible – peuvent finir par vous apporter une compréhension neuve et de nouvelles relations.

RUEDIGER SCHACHE

S'exprimer avec reconnaissance ou gratitude, c'est comme envoyer de l'amour à Dieu, ou envoyer de l'amour à l'univers. La gratitude est l'ouverture du cœur.

PAULO COELHO

Somme toute, lorsque votre cœur est ouvert, il y a cette énergie d'amour qui réalise tous les souhaits.

MICHAEL BECKWITH

Lorsque vous commencez à vivre à ce niveau, l'univers répond à ce champ d'énergie, si bien que de plus en plus de raisons d'être reconnaissant surgissent de nulle part.

Il y a de l'amour en chacun de nous, qui attend toujours le moment où il pourra se libérer, tel un papillon sortant de sa chrysalide. Vous libérez de l'amour en vous-même en remerciant la vie et les personnes qui vous entourent. Cet amour que vous manifestez, vous le recevrez au centuple ; il attirera à vous des personnes, des idées et des événements qui enrichiront votre vie.

> ***Écouter profondément demande d'abandonner notre discussion interne avec le monde […] nous devons nous défaire de nos suppositions.***
>
> MARK NEPO

MARCI SHIMOFF

Cette perspective nous aide à garder notre cœur ouvert dans un état d'amour. Vivre dans la gratitude, avec la croyance que cet univers est bienveillant, change tout. Le sentiment de peur et d'être assailli par les difficultés fait place à un sentiment d'ouverture, et nous portons alors sur la vie le regard de l'amour, le regard du cœur.

CONTEMPLATION

Trois bienfaits

Nous pensons généralement trop à ce qui se passe mal et pas assez à ce qui se passe bien. Penser davantage à ce qui s'est bien passé et cultiver la gratitude nous rend plus heureux et améliore notre santé. Le psychologue positif Martin Seligman a mis au point l'exercice suivant, qui augmente le bonheur et le bien-être de tous ceux qui le pratiquent.

CE QUI S'EST BIEN PASSÉ, OU LES TROIS BIENFAITS

Chaque soir, pendant une semaine, prenez dix minutes avant de vous endormir pour noter trois choses qui se sont bien passées pour vous dans la journée. Vous pouvez les écrire dans un journal, sur votre ordinateur ou dans la section Notes de votre téléphone. Les trois choses qui se sont bien passées peuvent être petites ou grandes, importantes ou pas. (« Le train est arrivé à l'heure. » « Mon mari a déblayé la neige dans l'allée. » « L'opération chirurgicale de ma nièce a réussi. » « Mon chef a accordé un bonus à notre service. »)

À côté de chaque chose qui s'est bien passée, inscrivez votre réponse à la question : « Pourquoi cela s'est-il bien passé ? » (« Le personnel roulant avait prévu le mauvais temps. » « Mon mari peut être attentionné. » « Ma nièce a trouvé le bon chirurgien et s'est préparée à son intervention. » « Nous travaillons beaucoup et efficacement en équipe dans notre service. »)

Tenez cette liste pendant au moins une semaine, et vous vous sentirez mieux, plus heureux, et plus reconnaissant de tous les bienfaits que vous recevez dans votre vie. Vous vous sentirez plus connecté à votre cœur et à votre vie dans le présent. Plus vous continuerez à cultiver la gratitude et à voir toutes les raisons que vous avez d'être heureux, plus votre bonheur sera durable, et plus vous recevrez de bienfaits.

7. Devenir une personne de cœur

> ***Quand on commence à toucher son cœur ou à le laisser être touché, on commence à découvrir qu'il n'a pas de fond, qu'il […] est immense, vaste et sans limites.***
>
> PEMA CHÖDRÖN

Comme les paroles d'Eckhart Tolle m'avaient fait prendre le chemin de l'exploration des pouvoirs du cœur, je tenais tout particulièrement à le rencontrer et à l'interviewer. Je souhaitais également qu'il me parlât de l'éveil qu'il avait lui-même vécu alors qu'il était jeune assistant de recherche à l'université de Cambridge. Chez lui, à Vancouver, au Canada, Eckhart Tolle me raconta que lorsqu'il avait une vingtaine d'années, il s'était débattu pendant des années avec une anxiété et des pensées suicidaires insupportables. Le monde lui semblait froid et hostile, et il était arrivé au point de vouloir le quitter plus tôt que tard. Une nuit où la douleur, l'anxiété et la terreur furent plus insoutenables que jamais auparavant, la pensée qu'il ne pouvait plus vivre avec lui-même le poursuivit.

Soudain, une autre pensée lui vint : « Si je ne peux pas vivre avec moi-même, c'est qu'il doit y avoir deux moi : le "je" et le "moi" avec lequel le "je" ne peux pas vivre. » Peut-être, réalisa-t-il alors, qu'un seul des deux était réel.

Cette prise de conscience submergea Eckhart Tolle au point qu'il se trouva incapable de continuer à penser. Il était conscient, cependant son mental ne pouvait plus former aucune pensée ; pour la première fois de sa vie, son mental était mis en pause. Il voulut pousser un soupir de soulagement, mais en fut empêché par un « vortex d'énergie » par lequel il se sentit soudain aspiré, et son corps se mit à trembler de manière incontrôlable. Effrayé à l'idée de se perdre lui-même, il s'accrocha désespérément à ce qu'il pensait être : Ulrich Leonard Tolle, un assistant de recherche, un Allemand, un homme, une personne… Néanmoins il ne put que céder à ce tourbillon d'énergie. À ce moment, il entendit une voix dans sa poitrine lui dire de ne pas résister – et sa peur s'évanouit subitement.

Eckhart Tolle n'eut aucun souvenir de ce qui s'était passé ensuite, mais sentit dès le matin suivant qu'il n'était plus le même. Il était en paix. Le monde autour de lui semblait avoir changé. Il ne lui paraissait plus hostile, mais beau. Il se promena dans la ville, « totalement fasciné » par la beauté qui l'environnait. Il eut la sensation d'avoir vécu une profonde renaissance.

Ce n'est que plus tard qu'il comprit ce qui lui était arrivé. L'« intense oppression occasionnée par la souffrance », cette nuit-là, s'était accentuée au point qu'elle avait obligé sa conscience à se libérer de son « moi malheureux et plein de peur profonde ». Il avait eu l'impression, m'a-t-il dit, que son passé s'était tout à coup effacé, et que son avenir était devenu sans importance. Seul importait le présent, le moment présent. Et dans ce puissant ici-maintenant, tout allait bien.

Eckhart Tolle ***(ci-contre)***

Où que vous soyez, soyez-y totalement. Si vous trouvez votre ici-maintenant intolérable et qu'il vous rend malheureux, trois possibilités s'offrent à vous : vous retirer de la situation, la changer ou l'accepter totalement. Si vous voulez assumer la responsabilité de votre vie, vous devez choisir l'une de ces trois options, et tout de suite. Puis, acceptez-en les conséquences.

ECKHART TOLLE, *LE POUVOIR DU MOMENT PRÉSENT*

Dans son nouvel état de conscience, Eckhart Tolle réalisa qu'il n'avait d'autre besoin que d'être lui-même. Sa véritable finalité était d'être dans le moment présent. À en croire Eckhart Tolle, nous sommes tous capables d'atteindre cet état de conscience, de présence dans le moment présent, et d'unir notre corps et notre âme en une conscience unique, lorsque nous faisons cesser le bruit de nos pensées. Nous pouvons alors nous connecter à notre cœur, ce corridor secret menant à notre moi véritable et essentiel. En concentrant notre conscience sur notre cœur, en écoutant la voix de notre cœur, nous comprenons qui nous sommes vraiment.

Vous êtes plus que votre nom, votre nationalité, votre profession, ou toute autre caractéristique dont on pourrait vous étiqueter. Même si vous deviez adopter un nom différent, ou changer de nationalité ou de profession, vous resteriez vous-même. Vous êtes plus que votre personnalité, que vous soyez aimable ou que vous ayez l'esprit de compétition, que vous soyez optimiste ou fataliste. Vous êtes aussi plus que votre corps physique. Si vous étiez gravement blessé, vous changeriez peut-être à certains égards, mais vous resteriez, pour l'essentiel, le même individu.

DEAN SHROCK

Si je pouvais créer un nouveau code de diagnostic, je l'appellerais « identité oubliée ». Je crois que nous avons réellement oublié notre véritable nature, le pouvoir que nous possédons, et ce qu'est notre véritable essence.

Votre véritable identité est votre cœur, le siège de votre âme, la part la plus authentique, la plus profonde, la plus intime de votre être. Votre cœur et votre âme constituent votre essence. Votre personnalité opère dans le monde de vos cinq sens, or ce n'est pas par ces sens que vous percevez votre âme. Votre âme est au-delà du monde des étiquettes.

Vivre ainsi en fonction de l'image que vous avez de vous ou que les autres ont de vous, c'est vivre faussement.

ECKHART TOLLE, *NOUVELLE TERRE - L'AVÈNEMENT DE LA CONSCIENCE HUMAINE*

Pourtant, pour vivre dans ce monde, nous modifions notre comportement afin de nous adapter à toutes sortes de situations : à la maison, au travail, à l'école, à la salle de sport. Ce faisant, nous projetons une image de nous-mêmes, une *persona* qui discorde avec notre moi véritable. Cette personnalité peut nous faire craindre d'être tels que nous sommes vraiment, c'est pourquoi nous nions parfois notre moi véritable et nous cachons derrière un masque.

DEEPAK CHOPRA

Tous les enfants ont joué à cache-cache. Lorsqu'on joue à cache-cache, il y a une partie de soi qui ne veut pas être découverte, et une autre partie de soi qui veut l'être. Aussi nous nous perdons, avant de finir par nous trouver. Tel est le jeu de la vie.

D'une certaine manière, vous passez votre vie entière à jouer à cache-cache. D'une part, vous espérez ne pas être trouvé, car vous êtes à l'aise avec la personnalité que vous avez endossée. D'autre part, vous voulez être découvert, car vous sentez, au fond de vous, les frictions entre votre personnalité et votre moi véritable. Pour résoudre ce hiatus, il vous faut accorder votre personnalité avec votre âme.

MARIANNE WILLIAMSON

L'éveil se définit comme le basculement de l'identification au corps à l'identification à l'esprit. Ce qui revient à dire : le passage des perceptions du mental à la connaissance du cœur.

En déplaçant notre attention de notre tête vers notre cœur, nous nous connectons à notre moi véritable et développons le courage d'être qui nous sommes vraiment.

MARCI SHIMOFF

Lorsque nous portons sur la vie le regard de l'amour et le regard du cœur, tout change. Le monde extérieur peut changer ou pas, ou ne pas sembler à notre goût, mais quand nous changeons la manière dont nous le percevons, quand nous commençons à accorder plus d'attention aux sentiments d'amour qu'à nos pensées, le monde qui nous entoure paraît totalement différent.

Lorsque nous voyons le monde à travers nos seules pensées, à travers notre mental, il peut paraître difficile ou hostile. Nous générons 60 000 pensées par jour, dont 80 % sont négatives. Cependant, lorsque nous prenons l'habitude de porter notre attention sur notre cœur et de vivre guidés par lui, la vie apparaît sous un jour nouveau. Le monde semble différent.

MARCI SHIMOFF

Nous ne voyons plus un monde négatif, mais un univers bienveillant. La question la plus importante qu'une personne puisse se poser, d'après Einstein, est celle-ci : « Cet univers est-il bienveillant ? » Ce à quoi les personnes les plus heureuses répondent : « Oui, cet univers est bienveillant. » Cela ne signifie pas que tout ira toujours comme vous le voulez. Cela signifie que vous croyez que l'univers est de votre côté.

Il n'y a rien de bon ou de mauvais que la pensée ne fasse tel.
WILLIAM SHAKESPEARE, *HAMLET*

En gardant votre cœur ouvert, vous restez connecté à votre essence. Votre véritable moi est en réalité un moi universel, car votre véritable identité s'inscrit dans quelque chose de bien plus vaste, que nous pourrions nommer l'« âme du monde ». Vous êtes une âme avant d'être un corps. Votre corps n'est qu'une enveloppe qui vous permet de fonctionner dans le monde physique, tandis que votre âme transcende toutes les perceptions sensorielles, toutes les dimensions et les autres éléments de ce monde physique.

En étant simplement nous-mêmes, nous sommes portés vers une destinée qui dépasse de loin tout ce que nous pouvions imaginer [...] [L]'Être que je nourris au-dedans de moi est le même Être qui baigne chaque atome du cosmos.
DEEPAK CHOPRA, *LA VIE SANS CONDITIONS*

Demeurer en accord avec votre cœur et votre âme vous connecte à l'univers.

Les êtres humains sont constitués d'un corps, d'un mental et d'un esprit. Parmi ceux-ci, l'esprit est primordial, car il nous connecte à la source de toute chose, au champ de conscience éternel.
DEEPAK CHOPRA, *LES SEPT LOIS POUR GUIDER VOS ENFANTS SUR LA VOIE DU SUCCÈS*

ECKHART TOLLE

On n'atteint pas Dieu en le cherchant hors de soi – ce qu'ont fait la plupart des humains pendant des milliers d'années lorsqu'ils parlaient de Dieu. Ils levaient les yeux au ciel et cherchaient Dieu quelque part là-haut, seulement jamais personne ne l'a trouvé là-haut. Un astronaute russe est même revenu de l'espace en disant: «Je n'ai vu aucun Dieu là-haut.» Et pour cause – Dieu est la dimension divine qui constitue notre essence, c'est-à-dire le cœur. Le cœur de l'univers, le cœur de notre être.

Il n'existe aucune différence entre votre moi véritable et celui d'une autre personne. Nous sommes tous connectés. Comme l'écrit Eckhart Tolle dans *Le Pouvoir du moment présent*, «Vous ne pouvez pas le sentir parce que votre mental fait trop de bruit.»

NEALE DONALD WALSCH

Ma conscience, ma compréhension profonde me disent que nous sommes tous des manifestations du divin. C'est-à-dire que chacun de nous est une expression singulière de Dieu lui-même. Nous en faisons l'expérience lorsque notre cœur s'ouvre pleinement. Nous apercevons alors notre véritable identité, la part la plus profonde de notre être.

Dès le premier instant de votre existence, vous êtes votre âme. Votre âme déclenche toutes les fonctions vitales. Votre âme ne saurait mourir, car elle est immatérielle. Votre personnalité mourra, tandis que votre âme continuera d'exister.

Le docteur Kathy Magliato, un chirurgien cardio-thoracique qui a écrit sur les nombreux aspects du cœur, assiste fréquemment aux derniers battements de cœur de ses patients, au moment où ils passent de la vie à la mort. « Quelque chose de très net, de très distinct quitte leur corps lorsque leur cœur cesse de battre », dit-elle. Il s'agit, selon elle, de leur âme. Elle croit également « que l'âme réside dans le cœur », car l'âme abandonne le corps une fois que le cœur s'est arrêté.

> *C'est seulement à l'individu que l'âme est donnée.*
> ALBERT EINSTEIN, « SCIENCE ET RELIGION »

Votre âme, votre moi universel, adopte une personnalité terrestre. Votre personnalité tend à accentuer ce qui vous distingue des autres. Mais quand vous prenez conscience de ce que vous êtes un être spirituel vivant une expérience humaine, et que nous sommes tous des êtres spirituels, vous voyez ce qui vous rapproche des autres et réalisez que vous êtes avant tout une âme.

GARY ZUKAV

Vous entrevoyez une chose qui peut d'abord être terrifiante – que loin d'être insignifiant et impuissant, vous êtes un esprit, puissant et créatif, plein de compassion et d'amour.

Vous êtes ici pour vivre guidé par votre cœur.

CONTEMPLATION

Se sentir en harmonie avec l'univers

Avec un cœur ouvert, vous voyez le monde dans ses merveilleux détails – un monde bienveillant, spacieux, vivant. Chaque détail a sa place et son sens, écrit le physicien et enseignant de pleine conscience Jeremy Hayward dans *Sacred World: The Shambhala Way to Gentleness, Bravery, and Power*. C'est également dans ce livre qu'il propose cette contemplation.

Afin d'intensifier les perceptions du cœur, imaginez ou regardez quelque chose de beau, une fleur par exemple. Remarquez l'ensemble de la fleur, sa couleur et sa forme. Regardez-la de plus près, et notez les petits détails : les veines sur les pétales et les feuilles, la texture délicate du centre. Pénétrez dans l'espace de ces détails, sentez la vastitude à l'intérieur et autour de chacun d'eux. Connectez-vous à l'espace qui emplit et entoure la fleur.

Connectez-vous à présent à l'espace qui vous environne. Étendez-vous sur le sol ou sur un lit, et ramassez votre corps en une boule compacte, en position fœtale. Ramenez vos genoux vers votre poitrine, enserrez-les de vos bras, et posez la tête sur vos genoux. Fermez les yeux en contractant vos paupières et sentez l'espace noir tout autour de vous. Contractez tous les muscles de votre corps, depuis vos pieds, en remontant le long de vos jambes et de votre dos, jusqu'à votre tête. Maintenez cette tension un petit moment. En gardant les yeux fermés, détendez ensuite progressivement chaque muscle, de vos orteils jusqu'à votre tête. Ayez confiance en la bonté du monde. Gardez les yeux fermés et dépliez lentement votre corps, avant de vous rasseoir.

Ouvrez à présent les yeux. Expirez. Sentez l'air sur votre peau ainsi que l'espace qui vous entoure. Regardez autour de vous, une chose à la fois. Regardez de près, et ne remarquez pas seulement chaque objet, mais aussi l'espace et la lumière autour de lui. Prenez le temps d'observer chaque objet autour de vous, et ressentez la bonté de ce que vous voyez.

8. Créer un pouvoir authentique

Sois bienveillant, car tous ceux que tu rencontres livrent une rude bataille.
PHILON D'ALEXANDRIE

Le maître zen Thich Nhat Hanh, qui enseigne la pleine conscience, raconte une histoire au sujet du Bouddha. La nuit précédant son éveil, celui-ci fut assailli par une armée qui lui décocha des milliers de flèches. Mais alors que cette volée de flèches allait s'abattre sur le Bouddha, elles se changèrent en fleurs et tombèrent à ses pieds sans lui faire aucun mal. De même, la compréhension et la compassion peuvent nous aider à transformer les émotions négatives afin de les rendre inoffensives, à les transmuter en conscience. C'est là le pouvoir authentique.

Vous devez trouver à l'intérieur de vous-même l'endroit où rien n'est impossible.
DEEPAK CHOPRA, *LE TROISIÈME JÉSUS*

Imaginez que votre cœur et votre âme sont le navire-mère d'une grande flotte. Votre personnalité est l'un des nombreux navires qui l'accompagnent, cependant seul le navire-mère connaît la destination de la flotte toute entière et peut tenir le cap. Lorsque vous suivez votre cœur, en accordant votre personnalité avec votre âme, vous exercez un pouvoir authentique. Vous sentez que vous suivez votre cap. Vous éprouvez de la joie, vous avez le sentiment que votre vie a du sens, et une finalité. Vous êtes conscient de votre énergie, de vos pensées et de la voix intérieure qui vous guide. Chaque fois que vous déviez de votre cap, vous vous sentez malheureux.

GARY ZUKAV

La douleur que vous ressentez dans votre vie mesure la distance qui sépare la perception que vous avez actuellement de vous-même et la réalité de ce que vous êtes – un esprit puissant et créatif, plein de compassion et d'amour. On comble cette distance en suivant le chemin de la spiritualité. Il est à présent impératif pour notre évolution que chacun de nous crée un pouvoir authentique.

Là où l'amour règne, il n'y a pas de volonté de puissance et là où domine la puissance, manque l'amour. L'un est l'ombre de l'autre.

CARL JUNG, *L'ÂME ET LA VIE*

Voici les quatre propriétés fondamentales du pouvoir authentique :

- *L'amour :* l'amour dont il est question inclut la compassion et le souci de l'autre. Cet amour vous fait voir chaque mère et chaque enfant en proie à la faim comme votre propre mère et votre propre enfant.
- *L'humilité :* l'humilité dont il est question a conscience que la vie des autres peut être tout aussi difficile que la nôtre, que chacun traverse des souffrances, des deuils et des difficultés au cours de sa vie.

L'humilité nous permet de garder à l'esprit que chaque personne est est une belle âme et que tout le monde connaît des problèmes.

- *Le pardon :* pardonner à quelqu'un de vous avoir blessé ou fait du tort, c'est comme déposer un lourd fardeau. Il n'est pas nécessaire que la personne à qui vous accordez votre pardon en ait conscience, car vous le faites avant tout pour vous-même. Tant que vous n'aurez pas pardonné, vous continuerez à voir le monde sous un jour sombre, et tout vous y semblera morne et hostile. Le pardon vous le fait apparaître sous un jour nouveau, vous vous apercevez alors qu'il est plein d'amour et de lumière.
- *La clarté :* la clarté consiste à voir votre vie comme faisant partie d'un plus grand tout. Vous réalisez que vous n'êtes pas une victime, mais que vous êtes sur Terre pour tirer les enseignements de vos expériences, aussi bien positives que négatives. Vous réalisez que vous êtes une âme immortelle, et ainsi infiniment plus que le corps et la personnalité que vous possédez en ce moment.

La vie quotidienne est souvent le théâtre d'affrontements de personnalités – celles d'amants, d'époux, de parents, de frères et sœurs, d'entreprises, de classes sociales et de nations. Tous tentent d'exercer un contrôle les uns sur les autres. Ce contrôle, appelé pouvoir sur autrui, repose sur nos sens – ce que nous voyons, entendons, sentons, goûtons ou touchons dans le monde extérieur. À la différence du pouvoir authentique, il est fondé sur la compétition et vise à prendre le dessus sur l'autre.

Le pouvoir sur les autres, c'est de la faiblesse déguisée en force.

ECKHART TOLLE, *LE POUVOIR DU MOMENT PRÉSENT*

GARY ZUKAV

Le pouvoir sur autrui correspond à la conception ancienne du pouvoir. C'est ce pouvoir-là qui nous a permis de survivre et d'évoluer en tant qu'espèce depuis notre origine. Or il ne remplit plus sa fonction, il est même devenu contre-productif pour notre évolution. Il est toxique, et il est en train d'être supplanté. Ou plus exactement, une nouvelle conception du pouvoir a supplanté l'ancienne.

Tout ce que vous obtenez aux dépens des autres est une manifestation du pouvoir sur autrui, lequel fonctionne selon le principe qu'il faut prendre à Paul pour donner à Jacques. Les choses que vous avez peur de perdre, telles que votre maison, votre voiture, votre beauté et votre acuité mentale, sont autant de formes de pouvoir sur autrui. Dépendre de ces choses impermanentes vous rend vulnérable.

LINDA FRANCIS

Le pouvoir sur autrui va comme il vient. Vous pouvez le gagner, ou le perdre. Vous pouvez en hériter, ou en être dépossédé.

Si vous voulez exercer un pouvoir authentique au lieu d'un pouvoir sur autrui, écoutez la voix de votre cœur, qui est le siège de votre âme. Accordez votre personnalité avec les qualités aimantes de votre essence.

GARY ZUKAV

Le pouvoir authentique est l'expérience de la joie, du sens, d'une raison d'être, de l'épanouissement, et d'être au bon endroit, au bon moment. C'est savoir que votre vie a une finalité et que vos actions y contribuent. C'est l'accord de votre personnalité avec votre âme, avec l'harmonie, la coopération, le partage, et la révérence pour la vie.

Le pouvoir authentique perçoit le sens et la finalité des choses les plus infimes.

Linda Francis ***(ci-contre)***

ECKHART TOLLE

Le pouvoir authentique n'est pas le pouvoir personnel. C'est un pouvoir qui transcende largement la personne que vous croyez être. C'est un pouvoir qui réside au cœur même – non seulement de vous-même – mais de l'univers. Si vous êtes connecté à ce niveau de votre intériorité, vous n'êtes pas seulement connecté à votre essence, vous êtes également connecté à l'essence même de l'univers. C'est là le sens de l'aphorisme ancien : « En haut comme en bas. »

Pour créer un pouvoir authentique, il est utile de prendre conscience de toutes les émotions qui vous font continuer à investir dans le pouvoir sur autrui. Les sentiments et les émotions constituent le champ de force dans lequel évolue votre âme, c'est pourquoi vous devez prendre conscience de vos émotions afin d'accorder votre personnalité avec votre âme.

GARY ZUKAV

Au lieu de regarder au dehors de vous pour acquérir du pouvoir sur autrui, pour manipuler ou contrôler les autres, vous regardez au-dedans de vous pour observer l'origine intérieure de vos expériences.

Vous pouvez le faire en vous concentrant sur ce qui se produit dans votre corps lorsque survient une émotion négative ; cette technique permet de développer la conscience émotionnelle. Porter votre attention sur les sens et les signaux de votre corps vous aide à ressentir ces émotions.

LINDA FRANCIS

J'ai une excellente nouvelle pour vous. Chaque émotion que vous ressentez, absolument chacune de ces émotions, est un message de votre âme. C'est une idée enthousiasmante, qui a un impact considérable une fois que vous en prenez conscience, parce qu'alors vous devenez attentif. Vous désirez sans doute faire attention aux messages de votre âme. J'en suis certaine.

Chacune de nos émotions est semblable à un SMS spontané de notre source intérieure. Il est important de ne pas effacer ces messages de l'âme, mais de les remarquer, d'en prendre conscience et de les assimiler. Votre cœur est le téléphone portable qui reçoit les SMS de votre âme. Avec un cœur ouvert, vous pouvez affronter vos peurs et nourrir vos émotions aimantes.

DEAN SHROCK

Nos émotions fonctionnent en fait comme un système de guidage qui nous informe quand nous sommes en accord avec notre essence profonde et avec l'amour qui nous habite. Par conséquent, en étant simplement attentif à ce que vous ressentez, vous pouvez savoir si vous êtes en train de faire ce qui est réellement juste pour vous, ce qui vous est bénéfique.

Vos émotions vous indiquent automatiquement si vous êtes sur la bonne voie – si vous accordez bien votre personnalité et votre vie avec votre âme.

ISABEL ALLENDE

Comment savoir si une chose est bénéfique pour moi ou pour le monde? C'est mon corps qui me dit ce que j'en ressens, et je pense que le cœur est au centre de ce processus.

LINDA FRANCIS

La conscience émotionnelle est un outil dont je me sers pour créer un pouvoir authentique, pour me développer spirituellement. Elle me permet de percevoir en moi, physiquement, les centres énergétiques de mon corps. Je suis en contact constant avec mon intériorité. Je remarque ce qui se produit dans mon corps, les sensations que j'éprouve dans ma gorge, dans mon cœur ou dans mon plexus solaire, et dans d'autres centres énergétiques. Ainsi je peux savoir si ce sont des parties de ma personnalité fondées sur la peur ou sur l'amour qui sont actives.

Votre corps reflète en permanence votre état émotionnel. Notez les différentes manières dont vos émotions se manifestent physiquement. Prenez l'habitude de vous demander pourquoi, dans un certain état d'esprit, vous éprouvez une certaine sensation dans votre corps. Déterminez si cette sensation vous est agréable ou pas. Ce n'est pas une coïncidence si le stress cause un inconfort, et que les émotions positives suscitent le bonheur.

GARY ZUKAV

La conscience émotionnelle ne se limite pas à pouvoir dire: « Je suis en colère », « Je suis malheureux », ou « Je suis heureux. » Elle est plus précise et ancrée, et beaucoup plus spécifique que cela. C'est la capacité de porter son attention sur certaines régions à l'intérieur de son corps, celles par exemple de la gorge,

Gary Zukav ***(ci-contre)***

de la poitrine et du plexus solaire, et d'observer les sensations physiques que l'on perçoit à ces endroits.

Si vous éprouvez des sensations inconfortables ou douloureuses, alors vous savez que c'est une partie apeurée de votre personnalité qui est active. C'est-à-dire une partie de votre personnalité qui est mue par la peur, et qui se manifestera par des comportements colériques, jaloux, rancuniers, par un sentiment de supériorité et celui d'avoir droit à certaines choses, ou par un sentiment d'infériorité et le besoin de faire plaisir.

Une fois que vous en avez conscience, vous prenez aussi conscience de ce qu'agir avec amour générera des expériences constructives, qui vous seront bénéfiques et agréables. Tandis qu'agir par peur générera des expériences douloureuses et destructrices pour vous. C'est une question de conscience émotionnelle et de choix responsable.

Vous créez un pouvoir authentique avec de l'amour, de la clarté et de la sagesse. Lorsque vous accédez au pouvoir authentique, vous pouvez discerner l'âme d'une autre personne, par-delà votre émotion. Vous ne portez ni jugement ni condamnation. Vous accordez votre personnalité avec votre âme, et vous exercez le pouvoir de votre cœur.

LINDA FRANCIS

Créer un pouvoir authentique consiste à cultiver les parties aimantes de ma personnalité, celles qui apprécient la vie, qui ressentent de la joie et de la compassion.

GARY ZUKAV

Le cœur de tout cela, c'est l'amour. L'amour. Vivre sa vie avec un cœur libre d'exercer son pouvoir, sans attachement au résultat. L'intention est la dimension de la conscience qui anime nos actions. Si l'intention émane de la peur, cette énergie poussera à dominer, à contrôler et à manipuler. C'est ce que j'entends par « attachement au résultat ». Si l'intention émane de l'amour, cette énergie incitera au souci de l'autre, à la patience, à la gentillesse, à la considération et à la gratitude.

Lorsque vous accédez au pouvoir authentique, vous êtes capable de considérer tout ce qui vous arrive comme une forme de cadeau, ou une leçon nécessaire. Vous acceptez que les cadeaux ne paraissent pas toujours positifs au premier abord.

> ***Soyez reconnaissants pour tous ceux qui viennent,***
> ***car chacun a été envoyé comme un guide de l'au-delà.***
>
> RUMI

Les difficultés ou les épreuves – y compris les maladies et les tragédies – paraissent souvent n'être en rien bénéfiques lorsqu'elles surviennent. Vous pouvez néanmoins être reconnaissant d'être en vie, même si vous subissez un deuil terrible, et finir par en prendre votre parti. Qu'avez-vous encore dans votre vie, malgré la perte de cet être cher ? Êtes-vous capable de faire le bien pour les autres, du fait d'avoir traversé une crise ?

ECKHART TOLLE

Quel que soit votre succès apparent dans ce monde, vous connaîtrez immanquablement très vite la frustration, la déception, ainsi qu'une forme de malheur ou de souffrance, malgré toutes vos réussites, si vous ne vivez pas connecté au niveau le plus profond de votre intériorité.

Quel que soit le succès que vous assure votre personnalité dans votre vie de tous les jours, et quand bien même vous auriez une superbe carrière, des objets de luxe et une adresse dans les beaux quartiers, ce succès ne vous apportera pas de satisfaction tant que vous n'exercerez pas un pouvoir authentique.

NEALE DONALD WALSCH

Quand nous ne prêtons pas attention à ce qui relève du cœur ou que nous ne le consultons pas au fil de nos expériences, notre vie se résume à une succession d'événements qui ne nous mènent nulle part. Si, en revanche, nous suivons les conseils de notre cœur, si nous prenons ses avis, nous vivons alors une succession d'expériences qui nous conduisent à notre véritable destination.

GARY ZUKAV

À mesure que vous créez un pouvoir authentique, votre vie s'emplit de sens, de motivation, de vitalité et de créativité, car vous avancez dans la direction que votre âme veut que vous preniez.

Vous pouvez utiliser chaque nouvelle expérience pour accorder votre personnalité avec votre âme. Chaque situation vous donne l'occasion d'aborder la vie avec un cœur ouvert, en exprimant de l'amour à ce monde. C'est là la finalité de l'expérience humaine que vous vivez, vous qui êtes un être spirituel. Votre raison d'être est d'exercer un pouvoir authentique.

Ce qui est derrière nous et ce qui est devant nous sont d'infimes sujets auprès de ce qui réside en nous.

OLIVER WENDELL HOLMES

CONTEMPLATION

La quiétude grâce au regard profond

Le maître zen Thich Nhat Hanh nous enseigne que chaque fois que nous prenons conscience d'une émotion forte, dérangeante ou négative, nous pouvons nous calmer en concentrant notre mental sur notre respiration. En portant votre attention sur votre respiration, sur chaque inspiration et chaque expiration, vous vous apaisez. Concentrez-vous sur votre respiration abdominale. Sur l'inspir, sentez votre ventre se gonfler. Sur l'expir, sentez votre ventre s'abaisser. Inspirez en restant concentré sur votre respiration – est-elle rapide et courte, ou lente et profonde ? Inspirez et expirez consciemment afin de calmer votre respiration.

Une fois que votre respiration est lente et profonde, inspirez en ayant conscience que votre forte émotion retombe. En expirant, sentez que votre colère, ou votre peur, reflue. En inspirant, sentez que votre émotion a disparu. En expirant, sentez que votre émotion a disparu. Demeurez dans ce long moment de paix. Vous pouvez à présent voir au-delà de l'émotion. Vous êtes conscient de la profonde connexion qui vous unit à la personne ou la situation qui a suscité l'émotion, et vous pouvez maintenant exercer un pouvoir authentique, dans la conscience de votre connexion à votre âme.

9. Les pouvoirs de l'intention et de l'intuition

La pureté de l'intention importe plus que la perfection de l'action.

ILYAS KASSAM

Toutes vos actions, ainsi que toutes vos pensées, naissent d'une certaine intention. Votre intention ne gouverne pas seulement votre vie, elle détermine aussi le résultat de vos actions.

ECKHART TOLLE

Quelle que soit la situation dans laquelle vous vous trouvez, il est très important de vous demander: « Quelle est mon intention présente? Quelle est mon intention principale? » En d'autres termes, ce qui importe vraiment et avant tout, à tout moment, quoi que vous soyez en train de faire, est l'état de conscience dans lequel vous agissez.

Au fond de votre cœur, vous savez quelle est l'intention qui nourrit vos actions et vos pensées. Vous seul pouvez le savoir. Et vous savez si ce que vous faites vise à l'harmonie et à la coopération, ou seulement votre intérêt personnel.

MAYA ANGELOU

Vous pouvez avoir l'intention de posséder un million de dollars, et cette intention vous obligera à dévaliser une banque ou à agresser quelqu'un dans la rue. Votre intention peut être de posséder une autre personne : « Je veux cette femme, je veux que cet homme m'appartienne. » Si, toutefois, nous désirons vraiment une chose et disons : « Voici ce que je veux », alors le cœur peut répondre : « Dans ce cas je t'aiderai à l'obtenir. Je te montrerai comment l'obtenir. Tu dois être prêt à faire ce qu'il faut à présent. Fie-toi à moi, et tu pourras l'avoir, oui, si cela ne fait de tort à personne. Oui. »

L'intention qui sous-tend vos actions et vos pensées est énergie. Toute énergie que vous émettez vous revient toujours, directement ou indirectement. Vous devez donc garder cela présent à l'esprit. Vous devez agir consciemment, avec le cœur, avec amour, dans une intention juste.

ISABEL ALLENDE

Je dois agir avec une bonne intention, avec amour et gentillesse. Si je suis animée d'une bonne intention, alors je peux vivre dans ce monde sans causer de tort.

Maya Angelou ***(ci-contre)***

Si vous rayonnez d'un amour et d'une compassion sincères, vous finirez par recevoir de l'amour et de la compassion. Si, en revanche, se dégagent de vous la peur et la suspicion, vous rencontrerez des situations pleines de peur et de suspicion. Il est simpliste de dire que si vous êtes en colère aujourd'hui, vous attirerez des personnes en colère demain, cependant si vous avez tendance à être dur et méfiant, vous attirerez sur le long terme des personnes ayant une personnalité et une attitude similaires. Vous êtes attiré par les personnes qui ont la même énergie que vous, et vous attirez celles qui perçoivent le monde comme vous. Elles vous comprennent, et vous les comprenez. Vous recevez du monde, pourrait-on dire, ce que vous donnez au monde. Votre intention est donc une cause qui provoque des effets de même nature.

ECKHART TOLLE

Il faut que votre intention principale soit votre état de conscience en cet instant. Votre intention doit être connectée à votre cœur en cet instant.

De votre intention dépend ce que vous recevez. Quand vous vivez en étant connecté à votre cœur, vous faites l'expérience d'une réalité différente, plus positive. Votre intention naît de votre cœur, aussi vous permet-elle d'attirer des énergies d'amour et d'harmonie. Votre intention est la dimension de la conscience qui anime vos actions.

L'intention dont procèdent vos actions est importante. L'énergie de votre intention influence les conséquences de vos actions. Chaque mot que vous prononcez et chacun de vos actes sont imprégnés de conscience. Si vous pensez en termes de don, vous attirerez des âmes qui partagent cette préoccupation, avec lesquelles vous créerez une réalité où s'exprimera cette générosité, une réalité qui reflétera cette intention. C'est peut-être bien là l'une des plus grandes vérités de l'univers, qui est parfois désignée sous le terme de « karma ».

> ***Si je crée avec mon cœur, à peu près tout fonctionne ; si c'est avec ma tête, presque rien.***
> MARC CHAGALL

Il y aura toujours dans votre vie, naturellement, des événements désagréables que vous ne pourrez pas influencer, et sur lesquels vous n'aurez pas de prise. Néanmoins beaucoup d'autres choses échappent à votre contrôle du fait que vous n'êtes pas pleinement conscient de l'intention qui sous-tend vos actions. C'est pourquoi il importe d'être conscient de l'énergie que vous créez.

> ***Tous les signes physiologiques importants - notamment la température corporelle, le rythme cardiaque, la consommation d'oxygène, le niveau hormonal et l'activité cérébrale - se modifient à l'instant où vous prenez une décision [...] Les décisions sont des signaux qui indiquent à votre corps, à votre mental et à votre environnement d'aller dans une certaine direction.***
> DEEPAK CHOPRA, *LE LIVRE DES SECRETS*

Chaque fois que vous avez le sentiment que votre vie échappe à votre contrôle, que vous êtes manipulé par ceux qui vous entourent, ou que vos souhaits ou vos projets sont contrariés, choisissez de penser et d'agir dans une intention et un état d'esprit positifs. Considérez ce que la situation peut vous apporter. Vous aurez ainsi plus de chances de découvrir des opportunités que vous auriez autrement manquées.

> ***Le moment est toujours venu de faire ce qui est juste.***
> MARTIN LUTHER KING JR.

Il ne suffit pas de formuler le choix d'une intention aimante pour former cette intention. Vous devez ressentir cette énergie dans votre cœur. L'univers voit dans votre cœur, sans s'arrêter à une fausse intention. Écoutez votre cœur afin de découvrir ce que vous avez réellement l'intention d'obtenir par vos actions. Connectez-vous à votre cœur afin de créer l'énergie d'une intention juste et positive.

GARY ZUKAV

Il est crucial d'apprendre à discerner vos intentions pour créer un pouvoir authentique. Les intentions qui naissent de la peur sont attachées à un résultat. Pour les satisfaire, il faut atteindre ce résultat. Les parties de votre personnalité qui sont fondées sur la peur doivent manipuler et contrôler les circonstances et les personnes afin d'obtenir satisfaction. Les parties de votre personnalité fondées sur l'amour, elles, se soucient des autres.

L'amour sans action n'a pas de sens,
et l'action sans amour n'a pas d'intérêt.
DEEPAK CHOPRA

Quand vous agissez par intérêt, votre intention est motivée par la peur, par votre personnalité. Lorsque vos actes visent à instaurer l'harmonie et la coopération, votre intention émane de votre cœur. Votre cœur et votre âme sont uniquement capables d'amour. Seules les intentions nées de votre cœur peuvent apporter à votre vie un sens et un épanouissement véritables.

MAYA ANGELOU

Si vous parlez avec votre cœur, votre intention sera chaleureuse et empreinte de sagesse.

Le maître zen Thich Nhat Hanh suggère de prendre l'habitude de se poser plusieurs questions pour s'assurer de former des intentions justes, ou bonnes. Peut-être souhaiterez-vous même écrire ces questions sur un pense-bête que vous placerez en évidence, là où vous pourrez le voir durant la journée. Avant de vous poser ces questions, inspirez et expirez trois fois lentement afin d'entrer dans le moment présent.

La première question à se poser avant d'agir est : « Suis-je sûr ? » ou « Que suis-je train de faire ? » Cela peut vous aider à bloquer les mauvaises intentions ; vous vous assurez ainsi avant d'agir que vous savez ce que vous êtes en train de faire et quelle direction vous prenez. Demandez-vous ensuite : « Mon intention est-elle juste ? » Puis : « Suis-je en train d'agir de manière automatique ou par habitude ? » L'énergie de l'habitude est parfois plus inconsciente qu'intentionnelle, aussi devez-vous être conscient à la fois de votre intention et de votre action. Enfin, demandez-vous : « Mon intention est-elle inspirée par la bonté aimante, la compassion, et le souhait que les autres connaissent le bonheur ? » Ces questions peuvent vous aider à prendre conscience de vos intentions et de vos actions.

Le langage de votre intuition

L'intuition est au fond une immersion soudaine de l'âme dans le courant universel de la vie.

PAULO COELHO, *L'ALCHIMISTE*

Le pouvoir de l'intuition est indéniable. Même les personnes extrêmement rationnelles et pleines de bon sens savent que leur intuition leur a été utile à certains moments. Aristote lui-même définissait la sagesse comme étant « à la fois science et raison intuitive des choses qui ont par nature la dignité la plus haute ».

Nos cinq sens nous permettent de percevoir une partie de la réalité physique – nous voyons, entendons, goûtons, sentons et touchons le monde qui nous entoure. Cependant nous nous heurtons inévitablement aux limites de nos cinq sens et de notre pensée rationnelle. C'est à ces moments que nous devons nous connecter à notre cœur et à son pouvoir intuitif, afin de savoir ce que nous devons faire.

La voix du cœur ne peut être entendue ni avec l'ouïe, ni du reste avec aucun des autres sens. Seule l'intuition – une forme de perception qui transcende la perception sensorielle – peut la discerner.

LINDA FRANCIS

Les perceptions sensorielles sont celles que nous recevons grâce à nos cinq sens. Elles englobent tout ce que nous voyons, comme l'océan, entendons, touchons, sentons – l'odeur d'un gâteau au chocolat cuisant au four, par exemple – et goûtons, comme une fraise ou une mangue. Outre ces cinq sens, nous possédons un système sensoriel plus vaste qui nous permet d'accéder à des informations que notre vue, notre ouïe, notre odorat, notre goût et notre toucher ne peuvent habituellement pas nous fournir.

Votre cœur vous donne accès aux perceptions multisensorielles de votre intuition, tout comme il vous connecte à l'univers et à votre conscience supérieure. L'intuition est à la fois intangible et très personnelle. De même que les empreintes digitales sont uniques et caractéristiques de chaque individu, l'intuition de chaque personne fonctionne de manière singulière.

Chaque être humain possède sa propre intuition, qui est alimentée par ses émotions.

L'intuition est le langage du cœur. Vous pouvez découvrir son fonctionnement en dirigeant votre attention sur votre intériorité, tout comme vous regardez au-dedans afin de vous connecter à votre cœur.

GARY ZUKAV

Imaginez que vous avez passé la journée à randonner dans une région montagneuse. À un moment donné, vous vous rendez compte que vous ne savez plus où vous êtes. Il commence à faire nuit, et aussi à faire froid, et vous frissonnez. Puis la nuit tombe, il fait si sombre que vous n'y voyez goutte. Mais vous entendez des sons étranges : « Oh, est-ce une chouette ? » Vous distinguez une forme sombre : « Oh, était-ce un animal ? Était-ce un ours ? » Cependant une voix en vous vous rassure : « C'est bon, tout va bien. C'est bien que tu sois ici. » Mais vous avez faim, et votre estomac gronde. Vous voulez rentrer chez vous. Et la voix vous redit : « C'est bon, tout va bien. » Mais vous pensez qu'on doit s'inquiéter à votre sujet, et que vous devez retrouver votre voiture immédiatement. À nouveau, la voix répète : « C'est bon, tout va bien, tout va bien. » Vous vous étendez, et vous essayez de dormir. Enfin, le soleil se lève, et vous vous apercevez que vous êtes au sommet d'une falaise, presque au bord du vide. Si vous aviez avancé de quelques mètres, vous seriez tombé de la falaise. L'aube naissante vous montre ce qui aurait pu vous coûter la vie. La voix en vous, qui disait : « C'est bon, c'est bien que tu sois ici », voyait tout. Elle voyait la falaise. Elle savait exactement là où vous deviez aller et pourquoi. Voilà ce qu'est la perception multisensorielle.

En ouvrant votre cœur, vous accédez à votre intuition, qui vous fait percevoir une réalité invisible, et indiscernable par vos cinq sens. Alors que vos sens peuvent être trompés, votre intuition ne vous induira jamais en erreur.

LINDA FRANCIS

C'est la voix de l'âme qui s'adresse à vous. Elle vous indique bien d'autres choses que comment survivre. Elle vous dit où trouver des amis et des collègues, quels chemins éviter, et quels chemins explorer. Elle vous guide et vous soutient à chaque instant, et vous conduit vers ce qui a du sens. La perception multisensorielle est l'expérience et la connaissance qui transcende les cinq sens.

PAULO COELHO

Il est très important d'écouter son cœur, non parce qu'il contient toutes les réponses – ce qui est une possibilité – mais parce que le cœur, d'une certaine manière, éveille en nous une chose que nous avons perdue, et qui est notre intuition. Quand nous sommes guidés par notre intuition, nous pouvons avancer.

Votre intuition – ou perception multisensorielle – se manifeste par une voix, c'est-à-dire une sensation, unique.

LINDA FRANCIS

Une perception multisensorielle peut être reçue de nombreuses manières différentes. S'il vous vient la pensée que tout est parfait, c'en est une. Si vous avez l'impression, l'espace d'un instant, qu'une coïncidence est plus qu'une coïncidence, qu'elle est sous-tendue par quelque chose de puissant et qui a du sens, c'en est une.

GARY ZUKAV

Si vous vous apercevez que vous savez des choses, ou que vous avez l'impression de savoir des choses concernant d'autres personnes. De savoir, par exemple, en apercevant une personne au supermarché, qu'elle vient de divorcer, et qu'elle souffre beaucoup. C'en est une. Ou bien si vous sentez qu'une personne qui paraît brutale et intimidante a bon cœur. C'en est une.

L'intuition de votre cœur vous permet également de voir au-delà de l'apparence du comportement des autres et de faire preuve de compassion. Quand, par exemple, quelqu'un semble fâché contre vous, votre intuition peut vous faire sentir que cette personne est soumise à un stress qui lui fait projeter sa frustration sur vous.

LINDA FRANCIS

Il y a un autre signe infaillible auquel on reconnaît ce type de perception : si vous sentez que vous êtes plus que ce que vous pensiez être, que vous êtes plus qu'un mental dans un corps. C'en est une. C'est un signe que votre perception s'élargit : vous percevez tout ce que vous perceviez auparavant, tout ce que vos cinq sens peuvent vous révéler, tout en réalisant que cette réalité est sous-tendue par une intelligence, une finalité et un pouvoir. Voilà ce qu'est la perception multisensorielle.

La force créatrice de l'imagination est un aspect de la générativité constante du cœur, qui ne cesse de vous offrir de nouvelles opportunités. Ces opportunités vous sont présentées à travers votre intuition, afin de vous faire aborder la vie différemment, et plus pleinement.

ISABEL ALLENDE

Mon corps ne perçoit qu'une partie très limitée de la réalité. Lorsque j'écris, que je passe suffisamment de temps seule en silence, je vois, je perçois les connexions entre les événements passés et futurs. Je peux les rapprocher, identifier les causes et les effets, comme je ne peux le faire quand je suis occupée, dans le bruit, ou avec d'autres personnes.

Mon écriture est parfois qualifiée de réalisme magique, quoi qu'on entende par là, comme s'il s'agissait d'une sorte de technique littéraire, ou d'un style. Or c'est la manière dont je mène ma vie. Le monde est un endroit très mystérieux, dont nous savons peu de chose. Il existe différentes dimensions de réalité, et il n'est pas impossible que tout se produise simultanément, que tout le passé et l'avenir se déroulent ici en ce moment même.

L'écriture a été le chemin spirituel qui m'a révélé où réside l'âme. Je perçois certaines choses que d'autres considèrent un peu insensées. Par exemple, je rêve beaucoup, et je note mes rêves, car ils me livrent des messages de mon âme auxquels je dois prêter attention.

Votre intuition veut toujours votre bien et favorise les élans et les intentions aimants. Quand vous êtes dans le doute, agissez selon votre cœur.

Le mental intuitif est un don sacré
et le mental rationnel un serviteur fidèle.
ALBERT EINSTEIN

Isabel Allende ***(ci-contre)***

GARY ZUKAV

La compréhension intellectuelle ne disparaît pas lorsqu'apparaît la perception multisensorielle. Elle est reléguée au second plan. Elle n'est plus la présidente du conseil d'administration, elle devient une employée. Elle se met au service du cœur.

JOE DISPENZA

Dès lors que nous ouvrons notre cœur, nous fonctionnons à un autre niveau de conscience. Ce sur quoi nous portons notre attention est ce sur quoi nous portons notre énergie. Le cœur se met à percevoir des informations intuitivement. Le cœur les reçoit avant le cerveau.

Tout, dans la vie, est connecté. Votre intuition vous permet de percevoir ces connexions tout autour de vous et d'agir de concert avec elles.

Nous savons toujours quel est le meilleur chemin à suivre, pourtant nous ne suivons souvent que celui auquel nous sommes accoutumés. Quand vous êtes connecté à votre cœur, vous êtes capable d'agir selon votre intuition, qui est la forme la plus élevée de votre intelligence, sans mettre en doute ses incitations ni avoir besoin d'en connaître les raisons.

Le pouvoir de la compréhension intuitive
vous préservera du mal jusqu'à la fin de vos jours.
LAO TSEU

CONTEMPLATION

Suivre son intuition

Votre intention vous parle dans son propre langage. Elle peut attirer votre attention en vous mettant mal à l'aise ou en vous rendant irritable. Elle peut vous rendre anxieux ou créer en vous une impression de détachement, comme si vous aviez soudain perdu le contact avec vos sentiments et que vous aviez besoin de vous reconnecter à eux. Elle peut s'adresser à vous dans un rêve, ou par une chanson que vous ne parvenez pas à vous ôter de la tête – ce rêve ou les paroles de cette chanson peuvent contenir un message métaphorique. Vous pouvez aussi entendre une voix intérieure qui vous met en garde ou vous donne des indications, en s'exprimant par des mots. Il se peut encore que vous ayez une certaine sensation dans votre corps – une appréhension au creux de l'estomac, ou une sensation de légèreté dans la tête – et l'impression de savoir.

Si vous pensez subitement à une personne, envoyez-lui un e-mail ou appelez-la. Faites attention aux premières impressions que vous avez des situations, et aux premières réponses qui vous traversent l'esprit lorsque vous vous posez des questions. Tenez un journal dans lequel vous consignerez vos intuitions ainsi que ce qui se produit lorsque vous les suivez.

Quelle que soit la manière dont votre intuition s'adresse à vous, fiez-vous à elle. Prêtez-lui attention. Passez du temps à l'écouter, détendez-vous pour mieux l'entendre. Accueillez ce qu'elle vous dit. Ne discutez pas avec votre intuition, même si elle vous dit une chose que vous ne voulez pas entendre. Obéissez-lui de votre mieux, quand bien même ses indications ne seraient pas logiques et ne vous donneraient pas d'emblée une vue d'ensemble de la suite des événements. Il se peut vous deviez suivre une intuition et laisser les choses suivre leur cours, avant de constater combien elle était juste.

10. La synchronicité : l'ordre caché de l'univers

Il n'y a ni erreurs, ni coïncidences. Tous les événements sont des bienfaits qui nous guident vers la connaissance.

ELISABETH KÜBLER-ROSS

Quelques mois après avoir commencé à travailler sur mon film, *L'Infinie Puissance du cœur*, j'ai commencé à douter sérieusement de sa faisabilité. Je n'étais pas du tout certain de pouvoir mener à bien un projet aussi ambitieux. Pendant un temps, j'ai même pensé à l'abandonner pour reprendre mon métier d'avocat – c'était, après tout, ce pour quoi j'avais été formé.

Incapable de continuer à supporter ces doutes, je me suis dit un jour : « *Si c'est vraiment ce que je suis censé faire, si c'est ce que la vie veut de moi, alors il me faut un signe, une confirmation – et il me la faut aujourd'hui.* » Je me surpris même à lancer à haute voix à l'univers : « Si c'est ce que je suis censé faire, donne-moi un signe ! »

Quelques instants plus tard, on sonna à ma porte. Le facteur me salua et me tendit une pile de magazines. Sur la couverture de celui qui se trouvait en haut de la pile s'étalait ce titre en gros caractères : *Suivez votre cœur* (*Volg je Hart* en néerlandais).

À ce moment, je sus, je compris parfaitement, que c'était le signe dont j'avais besoin. Je fus envahi par un profond sentiment de gratitude – et mes doutes s'évanouirent !

Il existe un pouvoir supérieur qui soutient absolument toutes vos actions. Rien ne se produit sans raison, et lorsque le monde paraît œuvrer en votre faveur, et non l'inverse, il s'agit de synchronicité. Avez-vous déjà eu l'impression qu'un événement n'était pas « juste » une coïncidence ? Peut-être vous est-il arrivé d'entendre une chanson à la radio dont les paroles et le message vous ont ensuite accompagné tout au long de la journée. Ou de penser à un ami que vous n'aviez pas vu depuis longtemps, à l'instant même où il vous appelait pour vous annoncer une excellente nouvelle.

GARY ZUKAV

> *« Synchronicité » est un terme intéressant à la sonorité bizarre, qui fut forgé par Carl Jung pour désigner les événements de votre vie qui semblent être des coïncidences, mais dont vous savez qu'ils n'en sont pas vraiment. Ce ne sont pas de simples coïncidences fortuites. Il y a du sens, une finalité, et un pouvoir à l'œuvre dans la synchronicité.*

Les synchronicités apparaissent comme de petits miracles, comme des présents inattendus offerts par l'univers. Elles se manifestent comme d'agréables surprises, comme de merveilleuses coïncidences susceptibles de transformer votre vie en l'espace d'un instant, en ouvrant une voie enthousiasmante ainsi que la possibilité d'évoluer ou d'apprendre.

Ces événements sont hautement improbables – pourtant, ils se produisent. Vous avez désespérément besoin des conseils ou de l'aide d'une personne que vous ne pensiez pas pouvoir contacter, quand soudain elle vous envoie un e-mail ou apparaît à votre porte. Vous rencontrez l'amour de votre vie en vous rendant spontanément à un endroit où vous n'aviez pas prévu d'aller. Quand les improbabilités semblent se multiplier et s'enchaîner, et que les lois de causalité habituelles n'opèrent plus, il s'agit de synchronicité.

PAULO COELHO

Je crois que cet univers est complet. La synchronicité, à mon sens, est donc une coïncidence qui survient dans votre vie – que vous fassiez une rencontre, ou une lecture, dont vous aviez besoin à ce moment précis, ou que vous réalisiez quelque chose qui était fait pour vous.

ECKHART TOLLE

Tomber exactement sur la personne dont vous avez besoin pour vous aider dans ce que vous êtes en train de faire, ou recevoir un appel juste au bon moment, constituent des exemples de synchronicités. L'élément ou la personne qui apparaît coïncide avec ce que vous faites et y contribue utilement, sans qu'il soit possible d'expliquer ce qui s'est produit par une relation causale.

Pensez aux coïncidences qui se sont produites dans votre vie et demandez-vous comment elles sont arrivées. Formez l'intention de discerner les synchronicités qui se manifestent autour de vous. Voyez-vous à présent d'autres coïncidences que vous aviez manquées jusqu'ici, ou que vous refusiez de voir ?

PAULO COELHO

Les gens, parfois, sont un peu effrayés. Ils ont peur d'accepter une opportunité qui est faite pour eux. Ils se disent : « Mais non, c'est absurde » ou : « C'est dangereux, parce que cette opportunité, cette synchronicité qui vient de se produire, peut changer ma vie à jamais. » Alors ils choisissent de ne pas obéir à leur cœur, de ne pas obéir à la synchronicité, de ne pas obéir au fait qu'elle leur est mise sous le nez, avec une étiquette stipulant : « Suis-moi, écoute-moi, je suis là. » Ils n'obéissent pas, et passent ainsi à côté de toutes les possibilités que la synchronicité leur offrait.

Chaque fois que vous vivez une expérience improbable, prenez conscience de ce qu'elle revêt un sens profond. Restez en alerte, et cherchez des indices susceptibles de vous éclairer sur cette signification. Chaque fois que vous discernez un message dans une synchronicité, vous confirmez que vous êtes connecté à votre conscience supérieure, et que vous offrez bien moins de prise au doute et à la crainte lorsque vous êtes en accord avec votre âme.

MICHAEL BECKWITH

Lorsque nous commençons à chercher les synchronicités, et à constater que tout dans la vie, partout, est interconnecté, quelque chose se produit. Il semble qu'un filtre tombe de devant nos yeux. Nous remarquons alors que les synchronicités sont omniprésentes, et que cet univers n'est pas accidentel.

Il est intéressant de noter que plus vous vous concentrez sur les synchronicités, plus vous en attirez, et plus elles sont fréquentes. En vous efforçant, à chacune de ces expériences, de saisir le sens de la coïncidence qui s'est produite, vous développez vos qualités intuitives.

Les coïncidences sont des jeux de mots spirituels.
GILBERT K. CHESTERTON

Même si vous ne percevez pas immédiatement la signification d'une coïncidence quand elle a lieu, continuez à interroger cette synchronicité. Il se peut que la réponse se présente plus tard dans la même journée, la même semaine ou le même mois. Il est également possible que cette réponse prenne la forme d'une nouvelle synchronicité – une intuition soudaine ou une rencontre inattendue, par exemple.

ISABEL ALLENDE

Je crois que tout est connecté, dans une sorte de grande toile d'araignée. Cette toile d'araignée unit tout ce qui existe dans l'univers. Le passé, le futur, l'univers, les planètes et toutes les formes de vie y sont connectées.

Votre esprit logique ne peut appréhender que les connexions acausales, or, au niveau plus profond de l'âme, un vaste réseau de connexions acausales est à l'œuvre. À mesure que vous apprenez à voir avec votre cœur, par-delà votre personnalité, grâce à votre intuition, ces relations causales commencent à vous apparaître.

GARY ZUKAV

À mesure que votre perception multisensorielle se développe, les expériences de ce type deviennent plus fréquentes. En créant un pouvoir authentique dans votre vie, vous vous apercevez qu'aucune de vos expériences n'est due au hasard. Rien n'est accidentel dans votre réalité.

DEEPAK CHOPRA

Vous comprenez cette idée de manière empirique lorsque vous constatez que vous êtes réellement connecté à l'ensemble de la chaîne des êtres, à tout l'écosystème, que vous faites partie d'un esprit unique, d'une conscience unique.

Suivez votre cœur. Votre cœur sait que vous faites partie d'une conscience infiniment vaste qui vous donne accès à une infinité de possibilités. Votre mental filtre la réalité, cependant votre cœur en a une vision plus globale et perçoit son ordre caché.

PAULO COELHO

Dès que vous suivez votre cœur, les miracles abondent dans votre vie.

MARCI SHIMOFF

Des synchronicités, des miracles se produisent. Des personnes apparaissent – vous rencontrez opportunément la personne à laquelle vous avez précisément besoin de parler, ou vous recevez soudain un appel de celle qui peut répondre à votre question. Lorsque vous vivez avec le cœur ouvert, des miracles se produisent sans aucun effort de votre part. Ils se produisent naturellement.

L'apparition de synchronicités dans votre vie signale en effet un changement d'identité, un basculement de l'attention de la tête vers le cœur. Vous constatez que des miracles ont lieu plus régulièrement. Au niveau du vécu, vous devenez de plus en plus conscient de l'amour et de la sagesse de votre âme. Vivre la synchronicité, c'est vivre la vie pour laquelle vous êtes né.

PAULO COELHO

Une synchronicité est un miracle. La seule chose que vous puissiez faire, c'est être ouvert aux synchronicités, et attentif.

DEAN SHROCK

C'est une loi naturelle de l'univers : lorsque vous êtes en accord avec l'amour, l'univers vous montre les chemins les plus miraculeux.

Dans son *Livre des coïncidences*, Deepak Chopra écrit que selon la sagesse ancienne, deux signes indiquent qu'une transformation intérieure est en cours, qui vous permettra d'accéder à une conscience supérieure. « Le premier symptôme est que vous cessez de vous inquiéter. Rien ne vous dérange plus. Vous devenez insouciant et tout joyeux. Le second symptôme est que vous rencontrez de plus en plus de coïncidences dans votre vie, de plus en plus de synchronicités. Cela s'accélère jusqu'au point où vous faites l'expérience réelle du miraculeux. »

ECKHART TOLLE

Le fait que des événements synchronistiques se produisent, que des éléments ou des personnes utiles apparaissent dans votre vie, est souvent très bon signe, car cela signifie habituellement que ce que vous êtes occupé à faire, quelle que soit cette activité, est connecté à une dimension plus profonde.

Dès lors que vous êtes en accord avec votre âme et que vous avez conscience de l'ordre caché qui sous-tend votre vie quotidienne, vous découvrez des arrangements et des opportunités remarquables. Quand vous êtes conscient de l'existence de la toile d'araignée qui connecte et englobe tout, vous percevez que tous les événements, jusqu'aux plus insignifiants, sont chargés de sens.

GARY ZUKAV

Nous vivons tous dans un univers de compassion et de sagesse, qui imprègne tout ce que nous faisons. Nous baignons dans cet univers, que nous en ayons conscience, ou non.

Utiliser la synchronicité

Lorsque nous cessons de nous opposer à la réalité, l'action devient simple, fluide, bienveillante et dénuée de peur.
BYRON KATIE

Formez l'intention de découvrir ce que vous êtes destiné à faire, à présent et à long terme. En demandant quelle est la finalité de votre vie, vous vous ouvrez à votre intuition et pouvez alors percevoir ce que votre cœur veut que vous remarquiez. Vous établissez une connexion avec l'univers, qui créera des opportunités dans votre vie.

ECKHART TOLLE

Il est vital, quoi que nous entreprenions, de nous demander, non pas tant ce que nous voulons de la vie, que ce que la vie veut que nous fassions, et ce qu'elle veut exprimer à travers nous. Vous pouvez également la dénommer « totalité » : « Que veut exprimer la totalité à travers moi ? » Ou vous pouvez l'appeler « dimension divine ». Vous pouvez aussi demander : « Que veut vraiment le cœur ? » Lorsque vous êtes en accord avec cette finalité, cela se manifeste par un élan intérieur très puissant. Ce peut être un élan d'enthousiasme, ou une sensation de joie dans l'action – et non de stress dans l'action. En d'autres termes, vous appréciez pleinement le moment présent, vous appréciez cette action. Cela signifie que vous êtes connecté à un niveau de votre intériorité.

Les parties de votre personnalité qui sont dominées par la peur ont leurs propres priorités. Vous pouvez, par exemple, avoir l'impression de devoir garder un emploi qui vous assure un revenu et d'autres avantages, alors qu'il ne vous épanouit pas. Votre âme, en revanche, a d'autres priorités, et ne considère pas cet emploi comme étant votre ultime destination, mais seulement une étape sur votre chemin. Si vous vous sentez bloqué, ne désespérez pas, et ne vous résignez pas. Formez l'intention de trouver votre véritable voie. Restez connecté à votre cœur. Écoutez votre intuition – elle vous aidera à trouver le chemin de votre rêve, qui est votre ultime destination.

ECKHART TOLLE

Être en accord avec le cœur, qui sous-tend toute création, donne une liberté et un pouvoir considérables. Vous constatez alors que des éléments ou des personnes utiles apparaissent fréquemment dans votre vie, fortuitement. Il s'agit d'événements synchronistiques, qui confirment généralement que vous êtes connecté à ce niveau plus profond.

Lorsque vous vous engagez sur le chemin qui vous permet de faire ce pour quoi vous êtes né, les synchronicités se multiplient dans votre vie. Les solutions se présentent spontanément, généralement de manière inattendue, inspirées par votre cœur – cette dimension d'amour, de sens et de bonheur.

ISABEL ALLENDE

Je pense que ce sont le rire et la joie qui nous permettent de tirer parti des connexions qui se tissent dans la toile d'araignée. Pourquoi tout doit-il être si sérieux? Pourquoi tout, la pratique spirituelle, l'amour, doivent-ils être si pesants? Ce sont la joie et la lumière qui comptent. Je ne suis jamais plus connectée au monde que quand je ris. C'est cela l'essentiel. Nous devons être joyeux.

PAULO COELHO

Il est très important d'éprouver du plaisir. Même au milieu d'une tâche qui requiert une grande discipline, ce plaisir est nécessaire. Le plaisir d'être en vie. La vie est joie. La vie, c'est être connecté à l'énergie de l'amour, et cette énergie d'amour comporte un élément très important qui est le plaisir.

Il faut parfois du courage pour se fier à son intuition et agir selon son cœur. Même lorsque vous êtes clairement appelé à quitter un emploi stable pour poursuivre le véritable but de votre vie, la fortune ne vous sourit pas nécessairement d'emblée. Ce peut être déconcertant, mais souvenez-vous que l'anxiété vient de votre personnalité. Ayez foi dans le désir de votre cœur. Restez fidèle à votre intention d'agir selon votre cœur.

MAYA ANGELOU

Le cœur est, à mon sens, la seule chose à laquelle nous puissions nous fier.

MARIANNE WILLIAMSON

Parfois, dans la vie, nous ne savons pas comment opérer un changement. Or le fait même d'être attaché à cet objectif, de savoir clairement qu'il est nécessaire, ouvre de nouvelles possibilités.

MICHAEL BECKWITH

L'évolution, le développement et la réalisation spirituels des êtres que nous sommes, sont tributaires de notre capacité à nous fier à notre cœur et à notre âme.

Se fier à son cœur implique de réaliser qu'il a accès à une sagesse immensément plus grande que votre intellect. Votre cœur sait intuitivement ce qui vous est bénéfique. Si vous vous fiez vraiment à votre cœur, vous ne serez pas troublé par cette voix dans votre tête qui vous décourage, vous inquiète ou vous critique. Interrompez toutes les questions commençant par « mais si ? » et envoyez-vous de la bonté aimante et de l'énergie du cœur.

ISABEL ALLENDE

Si vous ne vous fiez pas à votre cœur, à quoi vous fierez-vous ? Il est tout ce que vous avez. Lorsque je dois prendre une décision, je sais qu'il est raisonnable de faire une liste des bons et des mauvais côtés, de ce que je devrais faire et ne pas faire, des avantages et des inconvénients. Mais je ferme simplement les yeux, je prends une inspiration, j'expire, et je me fie à mon intuition. L'intuition est la voix du cœur, elle m'indique ce que je dois faire.

Confiez chaque décision, qu'elle soit insignifiante ou susceptible de changer votre vie, à votre cœur. Mais soyez prêt à renoncer aux résultats tangibles et immédiats. Il se peut que vous receviez rapidement une réponse à la question de ce que vous devez faire de votre vie, comme cela a été mon cas. Vous pourriez néanmoins aussi avoir à la poser en silence plusieurs fois avant d'entendre et de comprendre la réponse. Vous recevrez la réponse dont vous avez besoin, sinon celle à laquelle vous vous attendez. Peut-être devrez-vous vivre dans l'incertitude pendant le temps nécessaire pour que votre relation à votre âme s'établisse et mûrisse. Gardez votre question dans votre coeur, vivez avec votre question. Vivez la question.

[Soyez] patient à l'égard de tout ce qui dans votre cœur est encore irrésolu, et […] tente[z] d'aimer les questions elles-mêmes […] Ne cherchez pas pour l'instant des réponses qui ne sauraient vous être données car vous ne seriez pas en mesure de les vivre. Or il s'agit précisément de tout vivre. Vivez maintenant les questions. Peut-être, simplement en les vivant, finirez-vous par entrer insensiblement, un jour, dans les réponses.

RAINER MARIA RILKE

PAULO COELHO

C'est parce que votre cœur est ouvert, et que vous appréciez les questions – et non parce que vous avez les réponses à ces questions. Dès lors que vous appréciez les questions, vous avez une porte ouverte sur la vie.

Confiant dans le fait que votre âme vous réserve mieux que ce que votre mental ne pourra jamais imaginer, vous parviendrez, avec le temps, à vivre avec cette incertitude, et peut-être même à l'apprécier. D'ici là, en faisant plus confiance à votre cœur, vous entrerez plus fréquemment en contact avec votre âme.

Être tranquille quand vous ne savez pas est crucial pour que les réponses vous viennent.

ECKHART TOLLE

LINDA FRANCIS

Vous devez expérimenter. Essayez par vous-même. C'est si important si vous voulez changer votre vie.

Ces expérimentations n'ont pas à être importantes au départ. Vous pouvez pour commencer éprouver des décisions comme celle d'accepter ou non une invitation, ou de changer ou non d'itinéraire pour vous rendre à votre travail ou bien chez vous.

Fiez-vous à ce qui vous émeut le plus profondément.

SAM KEEN

Suivre son cœur n'exige pas nécessairement de quitter son emploi ou de prendre une décision sans retour. Dès que vous commencez à réorganiser votre vie autour de votre cœur et de votre âme, vous percevez le sens profond de nombreuses situations quotidiennes. Votre enthousiasme pour la vie redouble. Votre cœur aspire à saisir chaque opportunité de développement et, à mesure que s'accroît son pouvoir, il vous devient plus facile de placer dans l'univers votre confiance absolue.

GARY ZUKAV

L'univers plein de sagesse et de compassion devient alors vous, et vous devenez une expression de lui, pleine de sagesse et de compassion.

Vous fier à votre cœur vous donne une paix profonde. Vous ne vous inquiétez plus jamais vraiment, car vous savez que tout suit le cours voulu.

JOE DISPENZA

C'est un moment intéressant, car quand nous atteignons cet état et que nous nous sentons aussi épanouis, nous n'avons besoin d'absolument rien, alors que cet état nous fait accéder au royaume où nous pouvons tout obtenir. Nous y sommes enfin, or nous n'en avons plus besoin. C'est alors que des miracles commencent à se produire dans notre vie, et que l'agencement de l'univers se manifeste de manière nouvelle et inhabituelle.

Lorsque vous abandonnez votre peur, vous atteignez un état de connexion et d'harmonie profonde avec l'univers. Vous vivez la vie qui vous épanouit le mieux.

PAULO COELHO

Dès lors que vous vous enthousiasmez de tout, vous savez que vous suivez votre cœur.

MICHAEL BECKWITH

Nous prenons confiance en la vie. Nous réalisons que nous nous fions à notre âme, à notre coeur, et que jamais il ne nous égare. L'étape suivante consiste à le connaître, et à ressentir sa présence en nous.

Joe Dispenza *(ci-contre)*

CONTEMPLATION

Chaque expérience est une leçon

Charlene Belitz et Meg Lundstrom, dans leur livre *The Power of Flow,* proposent de nombreuses techniques permettant d'accroître le nombre de vos expériences synchronistiques. Repensez à un tournant de votre vie ou à une expérience qui est apparue comme une coïncidence, petite ou grande. Demandez-vous : « Qu'ai-je appris de cet événement ? Qu'a-t-il amené de bon dans ma vie ? » Considérez chaque expérience comme une leçon.

Repensez à d'autres expériences et à d'autres tournants de votre vie, bons ou mauvais. Que vous a enseigné chacun d'eux ? Certaines de ces expériences ont-elles conduit à d'autres expériences ? Ont-elles été bénéfiques ou pas ? Avez-vous eu l'impression d'être guidé sur ce chemin ? Quels arrangements apercevez-vous dans ces événements ? Quelles leçons pouvez-vous en tirer ? Voyez-vous à présent des coïncidences qui vous avaient échappé ? Voyez-vous une quelconque manière d'agir maintenant, dans le présent et dans un avenir proche, en tenant compte de ce que vous avez appris ?

Demandez à votre cœur comment vous pouvez vous connecter aux autres. Cela créera des synchronicités à la fois dans votre vie et dans la leur. Soyez à l'écoute des messages de votre intuition, et tenez compte dans vos actions de ceux que vous recevez.

Si vous êtes prêt à l'entendre, formez à présent l'intention de découvrir le but de votre vie. Demandez-vous : « Que veut la vie de moi ? Que dois-je faire pour obéir à mon cœur ? »

TROISIÈME PARTIE

Le cœur dans le monde

Notre grandeur, en tant qu'êtres humains, ne réside pas tant dans notre capacité à refaire le monde [...] que dans notre capacité à nous refaire nous-mêmes.

GANDHI

11. Argent et carrière

Si vous vous concentrez sur le succès, vous serez stressé. Mais si vous recherchez l'excellence, votre succès sera assuré.

DEEPAK CHOPRA

L'argent est un moyen d'échange, un outil qui sert à faciliter le transfert des biens et des services. Pour beaucoup, cependant, il définit la réussite. Quoiqu'il soit incontestablement utile pour assurer des besoins fondamentaux tels que l'alimentation et le logement, il constitue une forme de pouvoir sur autrui qui ne peut, en définitive, vous protéger des épreuves de la vie, ni vous aider à déterminer quel est le but de votre vie. L'argent n'a qu'un effet limité sur votre bonheur. La recherche scientifique confirme que l'influence de l'argent sur votre bien-être est assez limitée, et qu'un revenu annuel supérieur à 75 000 dollars (environ 55 000 euros, N.d.T.) ne rend pas plus heureux.

DEEPAK CHOPRA

Nous connaissons une crise économique, car nous avons bâti une économie sur une prémisse erronée. En premier lieu, la crise économique est la conséquence de ce que nous dépensions de l'argent que nous n'avions pas gagné pour acheter des choses dont nous n'avions pas besoin, afin d'impressionner des personnes que nous n'aimions pas. Tout ce qui comptait, c'était « moi » et « ce que je possède ». L'ensemble de notre système économique était régi par une mentalité de flambeur de casino : sur les 2,9 trillions de dollars de produits dérivés en circulation sur les marchés mondiaux, moins de 2 % allaient vraiment apporter un quelconque bénéfice à la société. Moins de 2 % de 2,9 trillions de dollars, chaque jour.

Votre véritable moi ne considérera jamais l'accumulation d'argent comme un but en soi, mais seulement comme l'effet naturel d'une réalisation plus grande – celle de suivre son cœur. Celui-ci est plus préoccupé de créer l'*abondance* dans votre vie que de posséder de l'argent – une abondance d'épanouissement, d'amour et de joie.

Dans *Les Sept Lois spirituelles du succès*, Deepak Chopra écrit : « La réussite revêt plusieurs aspects. La richesse matérielle n'est que l'un d'entre eux [...] [U]ne vraie réussite inclut aussi la santé, l'énergie, l'amour de la vie, l'harmonie des relations, la liberté de créer, la stabilité émotionnelle et psychologique, le bien-être et la paix de l'esprit. »

PAULO COELHO

Qu'est-ce que la réussite ? Est-ce l'argent et la célébrité ? Pas du tout. La réussite, c'est se coucher le soir en se disant : « Oh, ma joie. Oh, mon Dieu. Je peux dormir en paix. »

Mettez votre cœur, votre mental et votre âme même dans vos actes les plus infimes. C'est le secret du succès.
SWAMI SIVANANDA

RUEDIGER SCHACHE

Du point de vue de votre cœur ou de votre âme, l'argent n'est qu'une condition nécessaire à certaines expériences que vous avez besoin de faire dans votre vie. Votre cœur n'est pas intéressé par l'argent en soi. Toutefois l'argent vous aide parfois à avancer sur votre chemin, et c'est pourquoi il est important – mais non le plus important.

C'est seulement lorsque vos actions sont motivées, non par l'argent, mais par le plaisir, l'épanouissement, l'harmonie et le désir de contribuer au bien supérieur, qu'elles reçoivent le soutien de l'univers. C'est ainsi que vous agissez selon votre cœur.

GARY ZUKAV

Si vous désirez avoir plus d'argent (ou bien changer de travail) afin de pouvoir donner les dons que vous êtes né pour offrir, il ne s'agit pas dans ce cas d'une recherche de pouvoir sur autrui.

Les valeurs intérieures telles que l'amitié, la confiance, l'honnêteté et la compassion sont bien plus fiables que l'argent – elles apportent toujours le bonheur et la force.

DALAÏ LAMA

ECKHART TOLLE

Si votre but principal consiste à gagner de l'argent, sachez que vous n'êtes pas connecté à la dimension la plus profonde de votre intériorité que l'on appelle le cœur. Avoir pour objectif premier de gagner de l'argent constitue donc une manière de vivre vouée à l'échec. Vous constaterez en effet, même si vous atteignez votre objectif en gagnant beaucoup d'argent, que cela se solde nécessairement par de la frustration et du malheur. Cela ne revient pas à dire que l'argent, intrinsèquement, n'est pas spirituel. Ce n'est pas le cas. Il est fréquent, lorsque les actions d'une personne acquièrent plus de pouvoir et apportent à ce monde une contribution vitale, qu'elle connaisse l'abondance sous une forme ou sous une autre – y compris sous forme d'argent. Le monde reçoit par son truchement une quantité d'énergie si formidable, qu'il lui rend ce qu'elle lui a donné.

Lorsque vous alliez votre enthousiasme au désir d'atteindre l'excellence, vos actions sont remarquées et appréciées. Vous en êtes naturellement et parfois abondamment récompensé. Comme vous vivez la vie la plus épanouissante que vous pourriez avoir, il est probable que l'argent s'ensuive aussi, tôt ou tard, ce qui ne garantit pas pour autant la richesse.

PAULO COELHO

Votre cœur a un excellent moyen de vous dire si vous êtes ou non sur la bonne voie. Cela s'appelle « l'enthousiasme ». « Enthousiasme » vient d'un mot grec dont l'un des radicaux est « theos » – que l'on retrouve dans « théologie ». L'enthousiasme est la manifestation de Dieu dans votre cœur. Dès lors que vous vous enthousiasmez de tout – même de ce qui n'a pas vraiment de place dans votre monde logique – vous savez que vous suivez votre cœur. Et dès que vous suivez votre cœur, les miracles abondent dans votre vie. Vous regardez alors autour de vous en vous disant : « Mon Dieu, je m'amuse bien. »

Vous ne pouvez développer un véritable talent que pour ce que vous aimez. Ne faites pas de l'argent votre objectif. Adonnez-vous plutôt à ce que vous aimez faire, et faites-le si bien que les gens ne pourront pas vous quitter des yeux.

MAYA ANGELOU

PAULO COELHO

Pour ma part, lorsque j'ai commencé à écrire, je ne pensais absolument pas pouvoir en vivre un jour. J'écrivais parce que j'avais besoin de le faire, je n'avais pas d'autre choix. Au bout du compte, je n'ai pas seulement gagné de l'argent en écrivant, j'ai gagné beaucoup d'argent. Tout le monde se dit: « Si Paulo Coelho peut le faire, nous pouvons le faire aussi. »

Lorsque vous restez connecté au moment présent, vous éprouvez un sentiment de complétude et d'abondance.

ECKHART TOLLE

Jésus appelait cela la « plénitude de la vie ». Il n'entendait pas par là une abondance de biens, une abondance de choses. L'abondance sur un plan plus profond ne concerne pas les choses. L'abondance est dans votre nature, elle ne fait qu'un avec le cœur, car il est l'abondance même de la vie, le principe créateur même, la créativité, la source, ce qui est vivant en vous.

Il se peut qu'un jour vous nagiez dans l'abondance matérielle, mais elle n'est pas nécessaire à votre épanouissement. L'essentiel est que vous fassiez ce qui est cher à votre cœur, ce qui fait battre votre cœur. Cela vous épanouira et vous gratifiera certainement, et vous en récolterez sans doute les fruits tangibles.

DEEPAK CHOPRA

Le bonheur et la réussite consistent dans la réalisation progressive d'objectifs louables. Le bonheur est également la capacité à aimer et à ressentir de la compassion. Le bonheur est le sentiment d'être connecté au mystère créateur de l'univers que l'on appelle « Dieu ».

Sir Richard Branson, fondateur du groupe Virgin, a déclaré : « Se dire : "Voyons, comment pourrais-je gagner beaucoup d'argent ; faisons appel aux comptables pour nous aider à monter les business plans", c'est s'y prendre à l'envers. Vous vous retrouvez avec une partie des comptables qui vous assure que "Oui, vous pouvez gagner beaucoup d'argent", tandis que les autres, avec les mêmes éléments en main, vous répondent que vous en perdrez beaucoup. L'impulsion doit venir de votre cœur. Si vous faites une chose qui vous passionne, qui sera votre hobby, il est probable que vous réussirez. »

PAULO COELHO

Il est très important de se préoccuper d'abord de réaliser son rêve avant de penser à l'argent qui viendra peut-être. Si l'argent ne vient pas, vous aurez ainsi quand même une vie pleine de joie et de plaisir. Quand vous finirez par gagner de l'argent, montrez-vous responsable à cet égard et servez d'exemple. Car ce ne sont pas les opinions qui changent la vie, ce sont les exemples.

Deepak Chopra *(ci-contre)*

Accomplissez votre rêve en écoutant votre cœur. Souvenez-vous : les rêves ne sont soumis à aucune date limite. Faites votre possible, et gardez à l'esprit que lorsque les choses paraissent aller de travers, il y a une raison à cela. Les voies de l'univers suivent des chemins plus détournés que vous ne pouvez l'imaginer. Pourvu que votre intention procède vraiment de votre âme, l'univers soutiendra sans réserve tout ce que vous ferez, de sorte que l'argent et d'autres formes d'abondance viendront à vous.

Le manque d'argent vous dérangera seulement si vous n'êtes pas connecté à votre âme. Rétablissez cette connexion, et l'abondance de l'univers affluera à nouveau vers vous. Dès lors que vous êtes réellement converti au pouvoir du cœur, vous vous retrouvez en train d'exceller dans une pièce de théâtre exceptionnelle mise en scène par l'univers.

DEEPAK CHOPRA

Pour vous tirer de ce pétrin, demandez-vous : « Quelles sont mes qualités particulières ? Comment puis-je servir l'humanité ? » Faites quelque chose de temps à autre qui ne soit pas centré sur vous. Faites de temps en temps quelque chose qui soit sans rapport avec votre activité professionnelle, et vous constaterez que votre entreprise se portera mieux. Vous voulez mettre un terme à votre souffrance ? Bâtissez une économie réelle – c'est l'économie qui vient du cœur.

Si vous mesurez la réussite à l'aune du pouvoir du cœur, et non de l'argent, vous suivrez votre passion et votre véritable vocation. Vous ressentirez moins de stress, moins de tension, vous aurez un meilleur équilibre entre votre vie professionnelle et votre vie personnelle, et plus de temps pour votre partenaire, votre famille et vos amis. Lorsque vous vous retournerez sur votre vie, vous verrez une succession de moments marquants, et vous n'aurez aucun regret.

ECKHART TOLLE

Lorsque vous êtes mû par votre passion et que vous ne recherchez plus l'épanouissement par votre action, vous appréciez simplement cette action. Cela signifie qu'elle a du pouvoir. Lorsque c'est le cas, il est tout à fait possible que vous connaissiez ensuite, soudain, l'abondance matérielle. Mais vous n'en avez alors plus besoin.

Une économie du cœur

D'abord les gens, ensuite l'argent, et enfin les choses.
SUZE ORMAN

En 2006, le réalisateur Steven Spielberg, lors d'un discours prononcé au siège de l'Academy of Achievement (« académie de la réussite », N.d.T.), une organisation à but non lucratif située à Washington qui invite des personnalités du monde entier afin d'inspirer de jeunes entrepreneurs, déclara : « Lorsque vous avez un rêve, en général, il ne vous assaille pas en vous hurlant au visage : "Voici ce que tu es, voici ce que tu dois être pour le restant de tes jours." Un rêve, parfois, chuchote presque. J'ai toujours dit à mes enfants : "La chose la plus difficile à écouter – votre instinct, votre intuition d'être humain – s'adresse toujours à vous en chuchotant. Jamais elle ne crie. Très difficile à entendre. C'est pourquoi vous devez, chaque jour de votre vie, être prêt à entendre ce qui souffle à votre oreille. Ce sont rarement des cris. Si vous parvenez à écouter le chuchotement, s'il titille votre cœur, et qu'il s'agit d'une chose que vous croyez vouloir faire pour le restant de vos jours, alors c'est ce qui adviendra. Et nous bénéficierons de tout ce que vous réaliserez. »

Tout le monde a une mission dans la vie… un don unique ou un talent spécial à offrir à autrui. Lorsque nous mettons ce talent particulier au service des autres, nous connaissons l'extase et l'exultation de notre propre esprit, ce qui est le but ultime de tous les buts.

DEEPAK CHOPRA, *LES SEPT LOIS SPIRITUELLES DU SUCCÈS*

PAULO COELHO

Vous pouvez découvrir ce que vous êtes censé faire de votre vie si vous écoutez vraiment votre cœur.

Le mental est incapable de vous indiquer si vous vous trouvez ou non sur la bonne voie. Vous pouvez occuper un poste dont d'autres ne peuvent que rêver, et néanmoins éprouver le sentiment de ne pas être à votre place, si vous n'adhérez pas à la culture et aux valeurs de votre entreprise. Vous sentez simplement que vous n'êtes pas sur la bonne voie professionnelle.

GARY ZUKAV

« Quel est le but de mon existence ? Quelle est ma mission dans la vie ? », nous nous posons tous ces questions. Nous recherchons un but, or ce but nous trouvera quand nous ouvrirons notre cœur.

Si vous connaissez ce sentiment et ces interrogations en ce moment, c'est que votre cœur tente de vous orienter vers le bon chemin en s'adressant à vous. Voilà pourquoi faire fausse route vous aide souvent à prendre ensuite la bonne direction. Lorsque votre cœur vous parle, il vous révèle les coordonnées de l'itinéraire qui vous correspond vraiment, un itinéraire qui vous conduit à la place que vous devez tenir dans le plan d'ensemble.

HOWARD MARTIN

Lorsque vous ouvrez votre cœur, vous accédez à bien plus qu'une intelligence logique normale. Vous accédez notamment à votre intuition. Votre sensibilité s'affine, de même que votre capacité de discrimination et de discernement.

Il arrive que le cœur vous incite à trouver votre épanouissement hors de votre environnement professionnel. À l'époque où il était jeune fonctionnaire au Bureau fédéral de la propriété intellectuelle de Berne, Albert Einstein devait attendre la fin de sa journée de travail pour se livrer à sa véritable passion, la physique. Ce n'est que plus tard qu'il put en faire sa profession. Aussi rationnel et raisonnable qu'ait été Einstein, il décrivit un jour le bon sens comme « la somme des préjugés acquis avant l'âge de dix-huit ans ».

L'imagination importe plus que la connaissance, car, alors que la connaissance définit tout ce que nous savons et comprenons, l'imagination vise tout ce que nous pouvons encore découvrir et créer.

ALBERT EINSTEIN

Dans *Le Livre de l'éveil : Avoir la vie que l'on désire en étant présent à ce que l'on a*, le poète et auteur de mémoires Mark Nepo relate les conflits qui l'opposèrent à ses parents durant son adolescence, alors que ceux-ci le poussaient à embrasser des professions qu'ils avaient choisies pour lui. Sa mère souhaitait qu'il devînt avocat et son père, architecte. Or Mark Nepo désirait être poète – ou plus précisément, en avait besoin – car « quelque chose en cela [l]e rendait vivant ».

Il cite à cet égard une mystique : « Un poisson ne peut se noyer dans l'eau et un oiseau ne peut tomber dans l'air. Chaque créature de Dieu doit vivre selon sa propre nature. »

De même, chacun de nous doit trouver son véritable élément, c'est-à-dire son moi et sa vocation véritables.

> ***Le défi et le privilège d'être humain consiste à découvrir notre véritable nature divine [...] une nécessité intérieure. Car c'est seulement en vivant dans notre propre élément que nous pouvons prospérer sans anxiété. Et puisque les êtres humains représentent la seule forme de vie capable de se noyer et d'aller encore au boulot, la seule espèce qui peut tomber du ciel et encore plier du linge, il est impératif qu[e] [nous] trouv[ions] l'élément vital qui [nous] rend vivants [...] la vitalité que nous trouvons dans notre profession, pour peu que nous découvrions ce que nous aimons. Si vous sentez de l'enthousiasme et de l'énergie, si vous avez l'impression que la vie existe pour la première fois, vous êtes sans doute tout près de votre nature divine. La joie d'accomplir ce que l'on fait n'est pas un facteur additionel, mais un signe de santé profonde.***
>
> MARK NEPO, *LE LIVRE DE L'ÉVEIL*

L'univers veut que vous fassiez ce que vous êtes destiné à faire. Chacun a une mission, qui consiste à faire ce en quoi il excelle *et* qui lui procure du plaisir. Cette mission diffère d'une personne à l'autre et peut prendre toutes les formes possibles, de l'enseignement aux enfants en difficultés d'apprentissage, aux soins aux personnes âgées, en passant par le service public ou la direction d'une multinationale. Chacun de nous possède une mission qu'il est destiné à découvrir.

MICHAEL BECKWITH

Chacun de nous vient au monde en apportant des présents – des présents de l'âme. Ce sont des dons que nous seuls pouvons offrir, car nous sommes des expressions uniques de l'infini. Quand nous écoutons notre cœur, et non le bavardage de la société, et non le brouhaha du monde, alors nous pouvons exprimer nos dons.

Nous pouvons réaliser ce que nous avons été appelés à faire – ce que nous nous sommes promis de faire, avant de nous incarner.

RUEDIGER SCHACHE

Pourquoi le but de notre vie devient-il clair lorsque nous activons ou que nous nous connectons à notre cœur ? C'est parce qu'au niveau de notre cœur, se trouve une porte – la porte de notre âme. Si vous écoutez ce qui passe par cette porte, vous suivrez le chemin de votre âme. Et si vous suivez le chemin de votre âme, le but de votre vie sera parfaitement clair.

Vous aurez peut-être besoin de vous poser de nombreuses questions afin de mieux comprendre votre mission. Les réponses à ces questions vous permettront de mieux saisir la nature de votre moi véritable.

DEEPAK CHOPRA

Posez toutes vos questions à votre cœur. Qui suis-je ? Que veux-je ? Quel est mon but dans la vie ? Qui sont mes héros et mes héroïnes, parmi les figures historiques, mythologiques et religieuses ? Quelles sont les qualités que je recherche chez un ami ? Quelles sont celles que j'apporte dans une relation harmonieuse ? Quels sont mes compétences et mes talents particuliers ? Comment puis-je les utiliser pour servir l'humanité ?

Prenez un moment pour répondre à ces questions. Peut-être souhaiterez-vous écrire vos réponses, afin de pouvoir y revenir plus tard.

Si vous suivez l'itinéraire que votre système de navigation intérieur a tracé pour vous, il se peut que vous ayez à prendre un virage professionnel dénué de sens logique et qui vous mène par des routes obscures et cahoteuses. Toutefois vous saurez que c'est nécessaire. Votre cœur rendra évident que vous n'avez pas d'autre choix. Ne vous souciez pas de ce que pensent les autres ; contentez-vous d'écouter attentivement votre voix intérieure. Quand vous faites ce pour quoi vous êtes né, votre destinée est une évidence. Quand vous faites ce pour quoi vous êtes né, vous ne vous sentez pas abattu, mais débordant d'énergie.

J'ai toujours été riche, car ce n'est pas l'argent qui fait le bonheur.
PAULO COEHLO

MARIANNE WILLIAMSON

Cette voix vient du tréfonds de notre être : de l'esprit humain. Et elle nous dit ceci : « Prends cette direction, et ton cœur te guidera. »

Vous découvrirez la finalité de votre existence en écoutant votre cœur. Lorsque vous accomplirez votre mission, vous le saurez grâce au plaisir infini que cela vous procurera.

CONTEMPLATION

Votre vocation

Afin de mieux comprendre votre mission, posez-vous les questions suivantes :

- Qui suis-je ?
- Que veux-je ?
- Quel est mon véritable élément ?
- Lorsque j'écoute mon cœur, que m'incline-t-il à vouloir et à faire ?
- Quel est le but de ma vie ?
- Qui sont mes héros et mes héroïnes, parmi les figures historiques et religieuses, les personnages de fiction et de légende ? Qu'est-ce qui en eux force le plus mon admiration ?
- Quels sont mes compétences et talents particuliers ?
- Comment puis-je mettre ces compétences et talents particuliers au service d'un but supérieur ?

Ayez le courage de suivre l'itinéraire que votre cœur et votre âme tracent pour vous, même quand il semble inhabituel ou qu'il suscite l'opposition d'autres personnes. Gardez à l'esprit que lorsque vous poursuivez ce pour quoi vous êtes né, votre destinée se révèle, même si cela prend du temps.

Afin de vous aider, vous pouvez dire cette prière composée par Tosha Silver, intitulée « Change-moi » :

Change-moi, Divin Bien-Aimé, en un être qui s'éveille et se remémore parfaitement qui il EST réellement : tout ce qu'il rencontre [...] Permets-moi de prendre part au plan divin que tu as pour moi, et sers-toi de cette vie en vue du bien supérieur. Permets-moi de vivre au service du divin [...] Change-moi, Divin Bien-Aimé, en un être qui sait comment diable y parvenir !

12. Le cœur de la santé

Le cœur est un instrument à mille cordes qui ne peut être accordé que par l'amour.
HAFIZ

Vous connecter à votre cœur est important pour votre santé physique, émotionnelle et spirituelle. Le battement de votre cœur et votre état émotionnel sont liés. Lorsque vous éprouvez des émotions négatives telles que la peur, la colère ou la frustration, le battement de votre cœur est agité et irrégulier. Lorsque vous ressentez des émotions positives comme l'amour, le bonheur ou la gratitude, le battement de votre cœur est plus calme et moins heurté.

DEEPAK CHOPRA

En d'autres termes, votre cœur est structurellement différent suivant vos différents états de conscience. La structure du cœur diffère considérablement selon que vous vivez dans la peur, ou bien dans l'amour, la compassion, la bienveillance ou l'équanimité.

Il a été démontré scientifiquement que lorsque le rythme de votre cœur est calme et cohérent, votre corps s'équilibre, ce qui améliore votre santé ainsi que votre bien-être.

HOWARD MARTIN

Il est évident que ce sont les émotions associées au cœur qui sont bénéfiques pour notre santé. Ce sont elles qui régénèrent l'organisme. Nous disposons de nombreuses études concernant les effets des émotions négatives – la colère, par exemple. Elles nuisent à notre santé. Des études que nous avons réalisées sur l'impact d'émotions positives telles que le souci de l'autre, montrent que le fait d'éprouver plus d'émotions de ce type, c'est-à-dire plus d'émotions liées au cœur, a un effet régénérateur. Le souci de l'autre, la gratitude, l'amour – ces émotions nous régénèrent. Elles sont bénéfiques pour notre santé. Elles entraînent des modifications hormonales durables dans notre corps. Le cœur a une influence considérable sur le corps, outre le fait qu'il assure la circulation sanguine. Il influence la fonction cérébrale, les sécrétions hormonales et la réponse immunitaire. Il affecte tous les principaux systèmes de l'organisme.

Ce n'est donc pas seulement votre cœur physique qui est d'une importance cruciale pour votre santé, mais aussi votre cœur spirituel. Car dès lors que vous vous connectez à lui et que vous ressentez toutes les émotions positives qu'il favorise, vous améliorez votre santé.

DEAN SHROCK

Se sentir aimé et choyé, écouté et compris, est la clé de la santé.

MARCI SHIMOFF

Ressentir beaucoup d'amour présente de merveilleux avantages complémentaires. Lorsque vous éprouvez beaucoup d'amour, votre santé est meilleure et vous vivez plus longtemps. Les personnes heureuses ou qui ressentent beaucoup d'amour vivent neuf années de plus que les autres en moyenne. L'amour stimule votre créativité et augmente votre capacité cérébrale. Vous réussissez mieux, vos relations sont plus harmonieuses, vous êtes un meilleur parent et vous attirez plus d'amour à vous. Tous les domaines de votre vie bénéficient du fait de ressentir beaucoup d'amour.

Quand vous ne vous sentez pas vraiment bien dans votre peau, en revanche, votre santé en pâtit inévitablement. Le stress chronique causé par l'irritation, la colère ou la frustration, augmente de fait le risque de développer des maladies cardiovasculaires. Les émotions négatives minent gravement votre santé, affaiblissent votre système immunitaire et accroissent votre prédisposition à la maladie.

HOWARD MARTIN

Une petite expérience intéressante a été réalisée ici, à l'Institute of HeartMath, un jour, sur un enfant et un chien. Le chien s'appelait Mabel – c'était un vieux labrador adorable et doux qui s'entendait bien avec Josh, le fils de Rollin McCraty, le directeur de recherche de l'institut. Rollin McCraty a placé un capteur de fréquence cardiaque sur Josh et sur Mabel, afin de mesurer les modifications de leurs rythmes cardiaques respectifs, et de voir s'ils étaient cohérents ou incohérents. Lorsqu'il les a mis en présence l'un de l'autre, leurs fréquences cardiaques sont devenues cohérentes simultanément et se sont synchronisées. L'amour échangé par des systèmes vivants, par des êtres vivants, induit des modifications de leur rythme cardiaque qui influencent leur fonctionnement.

Deux cœurs peuvent réellement battre de manière synchrone. Un rythme cardiaque cohérent est le signe d'un cœur en bonne santé.

Générer des émotions positives est la meilleure manière d'éradiquer le stress. Votre cœur joue un rôle central à cet égard, car il est une source inépuisable d'émotions positives.

DEAN SHROCK

J'ai constaté dans mon travail que lorsque les gens se sentaient plus libres d'être eux-mêmes, de faire ce qui leur apportait une paix profonde, leur corps reflétait ce changement, de sorte que leur santé s'améliorait. J'ai très souvent observé cette évolution chez des patients atteints de cancer, en particulier quand ceux-ci réorientaient complètement leur vie en fonction de ce qui était essentiel pour eux, et se prenaient en charge en veillant à faire chaque jour des choses qui leur procuraient de la joie. Assurez-vous également de faire attention à votre alimentation, et de rester en bonne condition physique.

Dean Shrock ***(ci-contre)***

En rétablissant la communication avec votre cœur et en vous concentrant sur les intentions de votre âme, vous pouvez rééquilibrer à la fois votre mental et votre corps, et améliorer votre santé.

JOE DISPENZA

Ces émotions élevées génèrent de l'énergie dans le cœur. Le cœur reçoit alors un signal très fort, et notre champ électromagnétique s'étend. Nous nous désintéressons de ce qui est matériel, nous gagnons en énergie, et nous nous sentons reliés à quelque chose de plus grand que nous. Dès lors, nous n'essayons plus de contrôler l'issue des situations, et nous cessons de vivre à la merci des hormones de stress.

Deepak Chopra propose une méditation simple qui peut aider votre cœur.

DEEPAK CHOPRA

« Contemplation » signifie que vous gardez une idée présente à la conscience tout en portant votre attention sur votre cœur. Pour contempler la joie, la paix, le bonheur, la compassion, il suffit de penser ces mots en portant votre attention sur votre cœur. Que vous contempliez la paix, l'harmonie, le rire, l'amour, la joie, la compassion ou la bienveillance, cela change la structure de votre cœur. Elle se modifie.

Il convient de rappeler que les émotions sont plus rapides et beaucoup plus puissantes que les pensées ; les émotions positives ont par conséquent un effet bien plus important que les pensées positives. C'est pourquoi, même si vous tentez de vous réconforter par des pensées positives, vos émotions auront toujours raison de vos pensées. Il est certes utile de penser positivement, mais les élans positifs du cœur auront un impact autrement bénéfique sur votre santé.

ROLLIN McCRATY

Lorsque nous apprenons à utiliser l'intelligence du cœur, elle accroît notre vitalité, notre résilience, et surtout notre santé et notre bonheur. De mon point de vue, les personnes déprimées sont en fait coupées de ce que l'on appelle l'intelligence du cœur. Car c'est en réalité elle qui crée des expériences et des sentiments plus positifs dans notre vie. Quand nous choisissons de ne pas obéir à l'intelligence du cœur, elle se met en retrait – c'est ce qui mène à la dépression.

Lorsque vous êtes effrayé, en colère ou frustré, votre corps produit moins d'hormones « de vitalité » et plus d'hormones de stress. Si vous ressentez beaucoup de stress dans votre vie et que vous préférez fermer les yeux sur ses causes et ses effets, il vous sera difficile de vous connecter à votre cœur et de générer les émotions positives susceptibles de vous aider à éradiquer ce stress.

Mais quand on se connecte à son cœur, au pouvoir de l'amour, une cohérence cardiaque s'installe, qui diminue le stress et favorise ainsi la production de DHEA, une hormone qui nous aide à conserver notre jeunesse. Cette hormone de la vitalité est d'ailleurs généralement désignée comme l'hormone anti-vieillissement.

ECKHART TOLLE

Prenez garde à tous les signes de stress qui apparaissent, car ils signalent que vous n'êtes plus connecté à votre cœur. Tant que vous êtes connecté à votre cœur, il y a un pouvoir, mais il n'y a pas de stress. Il y a de la joie et de l'efficacité, mais pas d'anxiété.

Un cœur aimant dans un corps aimant produit plus de DHEA – l'hormone de la vitalité – et moins d'hormones de stress. Il produit également d'importantes substances qui stimulent le système immunitaire et nous protègent ainsi contre les infections. De plus, en ouvrant votre cœur, vous accédez à des émotions positives qui ont une influence bénéfique, non seulement sur votre corps, mais aussi sur votre état d'esprit.

Enfin, et peut-être surtout, notre cœur s'ouvre vers les autres. L'Institute of HeartMath a découvert que le champ électromagnétique généré par le cœur est 5 000 fois plus puissant que celui qui est émis par le cerveau. Le champ électromagnétique généré par le cœur a pu être mesuré à une distance de deux mètres et demi à trois mètres du corps. C'est ce champ qui communique l'énergie de nos émotions, et qui absorbe et projette l'énergie d'amour.

MARCI SHIMOFF

Votre cœur contient des informations sur vos émotions que peuvent sentir et capter ceux qui se trouvent près de vous. Le battement de leur cœur est en effet affecté par le vôtre.

Vous pouvez vous nourrir de l'amour et de l'affection des autres, en particulier dans les moments où vous éprouvez des difficultés à générer vous-même ces émotions positives. À partir du moment où vous sentez que vous êtes connecté aux autres, votre état d'esprit peut s'améliorer.

DEEPAK CHOPRA

Plus nous avons le sentiment d'être connecté aux êtres sentants et vivants de cette planète, et d'appartenir à cet écosystème, meilleure est la santé de notre cœur. Des études ont même démontré que le principal facteur de risque de décès prématuré à la suite d'une maladie cardio-vasculaire est l'hostilité et le ressentiment – l'attitude appelée « méfiance cynique ».

DEAN SHROCK

Depuis que j'exerce la fonction de directeur de la médecine psychocorporelle auprès de plusieurs cliniques spécialisées dans le traitement du cancer, j'ai été fasciné et surpris de constater que lorsque nous encouragions nos patients à développer leur volonté de vivre, ils jugeaient cela trop égoïste.

Ils croyaient que tous les autres et tout le reste devaient passer avant eux. C'est pourquoi, dans les publications qui rendent compte de mes recherches, j'ai été forcé de conclure que ce n'était pas la volonté de vivre qui expliquait le fait que mes patients vivent plus longtemps, mais le sentiment d'être aimé et choyé. Voilà ce qui faisait la différence. Lorsque j'ai demandé à ces patients, dans les différentes cliniques où j'intervenais, à la fois ce qui les avait et ne les avait pas aidés, j'ai été stupéfait d'entendre qu'aucune des techniques de gestion du stress que je leur avais enseignées ne leur avait été utile, mais que le fait de les avoir écoutés et de m'être sincèrement soucié d'eux avait été très important pour eux. Les recherches du Dr James Lynch et du

Dr Dean Ornish ont également mis en évidence que le fait de se sentir écouté, compris, aimé et choyé améliorait effectivement l'état des personnes atteintes de maladies cardio-vasculaires.

Rollin McCraty, qui compte parmi les co-créateurs de ce livre, rapporte l'histoire de jumelles nouveau-nées pour illustrer le fait que nous sommes connectés énergétiquement aux autres. Peu après leur naissance en 1995, ces jumelles ont été placées dans des couveuses différentes, ce qui était à l'époque une procédure normale. La fréquence cardiaque de l'un des bébés, cependant, était erratique ; elle était agitée, en pleurs, et personne ne parvenait à l'apaiser ni à la réconforter. Une infirmière décida alors de placer les jumelles côté à côte dans la même couveuse. Le bébé qui était calme entoura instinctivement sa sœur de son bras, et celle-ci se tranquillisa presque instantanément. Ses pleurs cessèrent, et sa fréquence cardiaque ainsi que sa respiration se stabilisèrent.

HOWARD MARTIN

Ce qui nous fait retrouver notre équilibre, ce qui nous guérit vraiment, c'est l'admirable et merveilleux pouvoir de l'intelligence du cœur. Jamais elle ne nous quitte, car elle réside en nous. Nous nous en éloignons parfois, mais nous pouvons y revenir. Lorsque nous le faisons, c'est elle qui nous aide à dépasser la tristesse, la dépression et le chagrin.

Le pouvoir du cœur est l'amour – l'amour des autres et de nous-mêmes. L'amour est le plus court chemin qui mène à un esprit sain dans un corps sain.

CONTEMPLATION

Cœur d'amour

Portez votre attention sur votre cœur et pensez ces mots : *Cœur. Amour. Joie. Paix. Bonheur. Compassion. Bonté aimante.*

Quelle que soit l'idée que vous gardiez présente à la conscience – paix, harmonie, rire, amour, joie, compassion ou bienveillance –, cette idée modifie l'énergie de votre cœur. Elle la rend saine et cohérente, et imprime de la régularité à son battement.

Conscient de cela, portez à nouveau votre attention sur votre cœur et poursuivez cette contemplation. Gardez l'idée de l'amour, de la bienveillance, de la compassion, de la paix puis de la joie présente à la conscience, présente dans votre cœur. Contemplez chaque idée comme vous planteriez une graine. Celle-ci fleurira et portera le fruit de cette idée. Elle nourrira à la fois votre cœur, vos émotions et votre corps.

13. Amour et relations

L'amour est notre nature essentielle, et plus nous en ressentons en notre cœur, plus nous en recevons.

DEEPAK CHOPRA

L'énergie fondamentale de l'univers est celle de l'amour. Cette énergie d'amour vous environne et vous habite.

DEAN SHROCK

Tout est énergie. L'essence primordiale de l'univers est l'énergie de l'amour, c'est-à-dire de l'harmonie et de l'ordre parfaits. Chaque fois que vous ressentez de l'amour, vous êtes littéralement traversé par l'énergie de cette force vitale. Elle rappelle à votre essence la nature fondamentale de votre énergie. Elle réajuste le fonctionnement des molécules de votre organisme de manière à le rendre plus harmonieux.

MARCI SHIMOFF

L'amour est semblable à une station de radio qui émet en permanence. Notre tâche consiste simplement à régler notre radio sur cette station. Imaginez que vous vous mettez à l'écoute d'Amour FM. Lorsque vous trouvez cette fréquence, vous y passez de plus en plus de temps.

Ce qui nous manque, c'est la conscience de cette vérité : l'amour est notre nature, et chacun de nous est un océan d'amour. Quand nous en prenons conscience, et que nous nous sentons réellement connectés à cet océan d'amour qui nous habite, nous cessons d'être des mendiants d'amour errant avec notre sébile à la main, dans l'espoir que les autres nous fassent l'aumône de leur amour – nous devenons des philanthropes de l'amour. Nous débordons naturellement de cet amour. Nous le prodiguons sans que cela nous coûte, car nous savons qu'il est notre nature.

Marci Shimoff, experte réputée en matière d'amour, de bonheur et de réussite, a identifié au cours de ses recherches quatre principaux niveaux d'amour. Le niveau le plus bas, qu'elle nomme le « non-amour », est ce dont nous faisons l'expérience lorsque nous souffrons ou que nous éprouvons de la peur, ou bien quand nous sommes tristes et coupés de l'amour.

Le niveau suivant est l'« amour pour les mauvaises raisons », que Marci Shimoff définit comme « le non-amour sous tranquillisants ». À ce niveau, nous tentons de combler le vide intérieur que nous ressentons. Nous le faisons généralement en nous attachant à des choses qui ne nous aident pas, voire qui nous sont franchement néfastes, comme les relations destructrices, la drogue, l'alcool ou la nourriture. Nous essayons ainsi de compenser l'absence de sentiment d'amour en nous.

Ensuite vient l'« amour pour les bonnes raisons », qui correspond aux situations où nous aimons du fait d'une cause extérieure, comme par exemple quand nous recevons de l'amour dans le cadre d'une relation.

Et quel est le niveau d'amour le plus élevé ?

MARCI SHIMOFF

Il n'y a aucun mal à vivre des relations merveilleuses et aimantes, ni à aimer le travail que nous exerçons et à y trouver un épanouissement. Néanmoins si nous conditionnons notre expérience de l'amour à des facteurs extérieurs, qui peuvent disparaître, notre amour n'a pas de fondation solide. C'est pourquoi l'« amour pour les bonnes raisons », quoiqu'il soit merveilleux, ne constitue pas la forme d'amour suprême.

L'amour n'a pas besoin de raison. Il exprime la sagesse irrationnelle du cœur.

DEEPAK CHOPRA, *LE CHEMIN VERS L'AMOUR*

MARCI SHIMOFF

La forme d'amour suprême est ce que j'appelle « l'amour sans raison ». L'amour sans raison est un état d'amour intérieur qui ne dépend ni d'une personne, ni d'une situation, ni d'un partenaire romantique. Lorsque nous ressentons cet amour, au lieu de le chercher hors de nous et d'essayer de le retirer des situations où nous nous trouvons, nous apportons de l'amour à ces situations. Nous éprouvons un sentiment de liberté, d'expansion, de paix et de joie. Nous aimons simplement parce que. Nous n'avons besoin d'aucune raison pour aimer.

Marci Shimoff cite Emmet Fox, l'une des figures du courant de la Nouvelle Pensée (*New Thought*), au sujet du pouvoir de l'amour : « Il n'existe pas de difficultés qu'assez d'amour ne puisse vaincre [...] Si vous pouviez aimer assez, vous seriez l'être le plus heureux, le plus fort du monde. »

Ta tâche n'est pas de poursuivre l'amour, mais seulement de chercher et de trouver en toi tous les obstacles que tu as dressés contre lui.

RUMI

Comme beaucoup, Linda Francis avait cherché la « bonne personne » pendant des années, pourtant ses relations n'aboutissaient qu'à des échecs. Quand elle en arriva à se dire qu'elle serait désormais la bonne personne pour elle-même, la chance commença à lui sourire.

LINDA FRANCIS

Lorsque je suis moi-même devenue cette bonne personne, peu m'importait d'être en couple ou non. Je m'en moquais. Ce qui comptait à mes yeux était de continuer à créer un pouvoir authentique dans ma vie.

Linda Francis décida d'abandonner sa quête du partenaire idéal pour se concentrer sur la relation qu'elle entretenait avec son âme. Elle examina les désirs de son âme et se demanda qui elle était vraiment, ce qu'elle voulait vraiment dans sa vie, et ce que l'univers voulait d'elle. Elle en vint à réaliser qu'elle ne s'était jamais sentie digne de ses partenaires, dans ses relations précédentes. Ce n'est qu'après avoir trouvé comment s'épanouir seule et devenir une personne à part entière, qu'elle rencontra Gary Zukav, qui partage aujourd'hui sa vie.

DEEPAK CHOPRA

Si vous voulez une relation sérieuse, cessez de chercher la bonne personne. Je le répète : si vous voulez une relation sérieuse, cessez de chercher la bonne personne, et devenez vous-même la bonne personne.

En devenant la bonne personne, en exprimant votre véritable moi, vous apprenez à voir l'amour en perspective. Vous finissez par renoncer à la quête souvent anxieuse d'une autre personne pour nourrir et pourvoir aux besoins de votre âme.

MARCI SHIMOFF

Vous devenez un ami pour vous-même. Vous devenez votre propre soutien aimant. C'est une excellente manière de construire une relation de confiance et d'amour avec vous-même.

Lorsque vous serez heureux dans votre for intérieur, vous attirerez naturellement la personne en qui votre état d'esprit paisible et assuré trouvera un écho.

JOHN GRAY

Souvent, les gens cherchent leur partenaire idéal, leur âme sœur, et disent qu'ils ne le trouvent pas. Ils cherchent obstinément et sans relâche, pourtant ils ne le trouvent pas. À vrai dire, si votre âme sœur ne frappe pas à votre porte, c'est que vous n'êtes pas prêt. Ce n'est pas parce que vous ne cherchez pas suffisamment. Nous devons nous préparer pour que cela se produise dans notre vie. La préparation, pour ce qui est de trouver la personne avec qui partager votre vie et de nouer une relation avec elle, consiste à devenir vous-même la bonne personne.

La recherche du partenaire idéal peut parfois devenir une quête visant à combler le vide. Or on ne peut construire de relation sérieuse avec une autre personne sans être d'abord capable de s'accepter soi-même. Comme l'a écrit Deepak Chopra : « Dans notre imagination, nous croyons que l'amour est séparé de nous. En vérité, il n'existe rien d'autre que l'amour, une fois que nous sommes prêts à l'accepter. Lorsque vous trouvez vraiment l'amour, vous vous trouvez vous-même. »

Le manque de confiance en soi peut vous empêcher de considérer l'autre en égal, et de l'aimer plus que vous ne vous aimez vous-même. Si vous avez des difficultés à vous aimer et à vous accepter, vous dites en réalité à l'univers que vous n'êtes pas digne de l'amour que vous méritez.

Je me méfie des personnes qui ne s'aiment pas et me disent pourtant : « Je t'aime. » Il y a un proverbe africain qui dit : « Sois prudent lorsqu'une personne nue t'offre une chemise. »

MAYA ANGELOU

JOHN GRAY

Si vous voulez trouver quelqu'un qui puisse aimer et connaître tout de vous, vous devez vous connaître et vous aimer vous-même. L'amour de soi est le fondement de toute relation viable, même si cette relation sert à vous préparer à trouver votre âme sœur.

S'accepter soi-même demande en premier lieu de former l'intention de donner de l'amour. Vous pouvez offrir de l'amour en aidant les autres et en suivant votre cœur. Lorsque vous poursuivez votre rêve, vous acquérez des connaissances et gagnez en compréhension, ce qui accroît votre compétence et votre confiance en vous. Vous montrez toutes les qualités que vous possédez, ce qui, tôt ou tard, sera remarqué par une personne dont les valeurs et les objectifs correspondront aux vôtres ou les compléteront.

John Gray ***(ci-contre)***

PAULO COELHO

Essayez d'aimer, et de le manifester. Quand votre cœur est ouvert, une énergie d'amour afflue en lui, qui exauce tout et se transmute en actions, d'une manière ou d'une autre. Vous voyez alors votre vie changer. Et vous vous interrogez: « Mais pourquoi? Je n'ai rien fait. Je n'ai rien appris de nouveau. » Vous avez appris, mais sans en avoir conscience. Parce que votre cœur s'est ouvert.

Acceptez-vous. Choisissez d'apprécier pleinement tout ce qui est bon en vous. Acceptez vos imperfections et adoptez les pratiques suivantes:

- Formez l'intention de vous fier sans réserve à votre cœur.
- Soyez reconnaissant d'être la personne que vous êtes. Ayez de la gratitude pour vos forces et vos talents.
- Développez vos compétences et vos talents – cela vous donnera confiance en vous et vous apportera le bonheur. Si vous ressentez l'envie de faire ou de créer quelque chose, suivez votre inclination, travaillez-y et améliorez-le.
- Soyez bon envers vous-même. Prenez l'habitude d'avoir des pensées positives à votre égard, afin que l'univers vous soutienne dans tout ce que vous faites. Cessez de vous juger négativement.
- Ayez chaque jour une attention pour quelqu'un.
- Essayez de ne pas vous inquiéter outre mesure. L'inquiétude résout rarement les problèmes. Elle ne fait que vous soustraire à la beauté qu'offre la vie. Si vous avez tendance à vous inquiéter, activez-vous physiquement. Allez marcher. Faites de l'exercice. Pratiquez le yoga. Mouvoir votre corps aide à aérer votre esprit.

Nous ne pouvons pas nous inquiéter uniquement de nous-mêmes.

PAPE FRANÇOIS

- Soyez honnête avec vous-même quant à vos sentiments. Si vous vous sentez triste, admettez votre tristesse et ne la dissimulez pas. Demandez à votre cœur comment vous pouvez faire face à cette tristesse.
- Reposez-vous de temps en temps. Prenez le temps de prendre soin de votre corps et de votre âme.
- Vous êtes fait pour être heureux. Prenez plaisir à tout ce que vous faites. Ne prenez pas la vie ni vous-même trop au sérieux. Cultivez la gratitude.

DEEPAK CHOPRA

Ceux que nous aimons, tout comme ceux que nous n'aimons pas, sont des reflets de nous-mêmes. Nous tombons amoureux de personnes qui possèdent des traits que nous désirons. Et nous n'aimons pas celles en qui nous trouvons des traits que nous nions en nous-mêmes. Si vous souhaitez vous épanouir dans une relation, considérez le monde comme un miroir de votre véritable moi. Chaque situation, chaque circonstance, chaque relation, reflètent notre état de conscience.

L'énergie de vos intentions finira par se manifester dans votre vie, y compris dans vos relations. Les personnes que vous rencontrez reflètent vos propres intentions.

GARY ZUKAV

Il existe un moyen infaillible d'attirer le type de personne que vous désirez avoir dans votre vie, un moyen infaillible : devenez semblable à cette personne. Si vous voulez attirer des personnes patientes et attentionnées, qui se soucient de vous et se montrent patientes avec vous, qui veuillent votre bien et soient disponibles pour vous sans condition, sans arrière-pensée, alors faites en sorte de devenir cette personne pour les autres, et vous attirerez à vous des personnes qui vous ressembleront en tous points. C'est le principe de la loi de l'attraction. Une énergie attire une énergie semblable.

Si vous pensez ne pas pouvoir être heureux sans une personne qui partage votre vie, il est probable que vous attirerez un partenaire malheureux, qui désirera avoir une relation avec vous afin de combler son vide intérieur. Si, en revanche, vous êtes en accord avec votre âme, vous attirerez nécessairement une personne qui en sera le reflet, et se trouvera dans ce même état de conscience.

DEEPAK CHOPRA

Vous voulez être attirant? Dans ce cas soyez naturel. Rayonnez de votre humanité simple et sans affectation. Ne portez de jugement ni sur vous-même ni sur les autres. Répondez aux gestes d'amour et ne vous cachez pas derrière un masque social. Soyez simplement naturel. Reconnaissez que vous avez des faiblesses, des défauts, et même une part d'ombre. Ce n'est pas là être incomplet, mais être complet. Ce n'est pas là être vicié, mais être entier. Voilà donc le véritable secret des relations heureuses: considérer chaque relation comme un miroir.

Soyez toujours vous-même; résistez à la tentation de porter différents masques. Quand vous faites semblant d'être un autre que vous-même, vous vous coupez de votre cœur ainsi que des autres.

Pourrait-il se produire miracle plus grand que d'échanger nos regards l'espace d'un instant?

HENRY DAVID THOREAU

Lorsque vous avez trouvé l'amour, il demeure important de communiquer avec le cœur, dans une confiance et un respect mutuels.

JOHN GRAY

Afin de communiquer plus avec le cœur, plus sincèrement, dans une relation, nous devons d'abord en faire notre but, et être capables de nous le rappeler mutuellement. Ma femme y tient beaucoup. Bonnie me dit parfois : « John, je refuse de t'écouter tant que tu ne me parleras pas avec ton cœur. » Ce à quoi je réponds : « Non, je parle, ce que je dis est logique. » « Non, je veux entendre ce que tu ressens, je veux entendre l'amour dans le ton de ta voix. Quand tu l'auras trouvé, nous pourrons continuer à parler. »

Son message est très simple : elle refuse d'avoir une conversation si je suis seulement dans ma tête et non dans mon cœur. Ce serait une erreur de sa part que de dire qu'il est mal d'être dans sa tête, car cela impliquerait qu'une partie très importante de moi est mauvaise. Voici donc ce qu'elle dit quelquefois, lorsque mon cœur est fermé, que j'ai des paroles mesquines ou que je veux à tout prix avoir raison : « Je ne peux entendre cela maintenant. J'ai besoin d'entendre ton cœur un petit peu plus. Quand tu seras prêt à parler avec ton cœur, je serai prête à parler avec toi. »

Ayez toujours l'intention de communiquer avec le cœur. Si des paroles peinantes ont été prononcées, voyez cet incident comme une occasion de prendre un nouveau départ, de revenir à votre âme et d'exprimer vos sentiments avec douceur. Si vous pratiquez la bonté aimante quand surviennent des frictions, elles pourront servir à renforcer votre relation.

Lorsque vous rencontrez des difficultés avec votre partenaire, vous rencontrez des difficultés avec vous-même. Chaque défaut que vous voyez en lui touche une faiblesse que vous niez en vous-même.

DEEPAK CHOPRA, *LE CHEMIN VERS L'AMOUR*

JOHN GRAY

Il s'agit de grandir en sagesse du cœur - et vous le faites chaque fois que vous revenez à l'amour. Elle est la clé qui vous fait accéder à votre potentiel d'amour intérieur et vous connecte à votre âme, car l'amour est la finalité de votre âme. Chaque fois que vous revenez pour aimer à nouveau, vous gagnez en sagesse du cœur.

MAYA ANGELOU

Il y a de nombreuses années, j'étais mariée, et ce mariage ne tenait qu'à un fil. Un jour, mon mari m'a mise très en colère, et je ne savais que faire. Alors, je l'ai maudit. Lorsque ma mère est venue, il le lui a rapporté. « Mère, a-t-il dit, elle a utilisé un langage qui m'embarrasserait si j'entendais des marins s'exprimer de la sorte sur le front de mer. » Et ma mère de demander : « Ma fille ? » « Oui, a-t-il répondu, elle m'a dit des grossièretés. »

« Je dois l'entendre de sa bouche », a-t-elle dit alors, avant de me demander : « Est-ce vrai ? » « Oui », ai-je répondu. Elle s'est retournée vers mon mari en disant : « Les gens profèrent des blasphèmes car ils ne savent pas quels mots utiliser, et qu'ils ne trouvent parfois pas de mot qui exprime ce qu'ils veulent dire. Alors ils utilisent ce qui a le moins de valeur, c'est-à-dire un blasphème. »

« On jette un blasphème comme on jette les cendres. » Par conséquent, si vous entendez des blasphèmes, rappelez-vous qu'ils ont été choisis par une personne qui, ne sachant que dire et ne trouvant pas les mots, jette simplement ceux-là.

Remplacer vos plaintes par des demandes est une manière de communiquer avec le coeur dans votre relation. Si vous vous plaignez constamment, votre partenaire cessera d'écouter ou se mettra sur la défensive. Demandez-vous comment vous pouvez exposer vos griefs de telle sorte que l'autre les comprenne. Formuler une demande au lieu d'une plainte est une façon d'y parvenir. Il suffit de demander ! Formez cette intention et exprimez votre demande avec amour. Lorsque vous prenez la décision consciente de communiquer sincèrement avec celui ou celle que vous aimez, vous pouvez vous attendre à une réponse comparable.

DEEPAK CHOPRA

Chaque fois que vous souffrez, posez-vous cette question : « À qui suis-je en train de penser ? » Vous constaterez que vous ne pensez qu'à vous-même. Si vous voulez alléger votre souffrance, cessez de penser à vous ! Pensez aux autres, et vous verrez que vous cesserez de souffrir. Parce que quand vous pensez aux autres, vous entrez en relation avec eux, et cela vous rend plus heureux. De fait, de nombreuses études montrent à présent que le meilleur moyen d'être heureux consiste à aider une autre personne à réussir.

Accepte les choses auxquelles le destin te lie, et aime les personnes que le destin te fait rencontrer, et ce, de tout ton cœur.

MARC AURÈLE

Le partenariat spirituel

Toutes les relations que vous attirez en ce moment sont précisément celles dont vous avez besoin. Il y a un sens caché derrière chaque événement. Ce sens caché est au service de votre propre évolution.

DEEPAK CHOPRA, *LES SEPT LOIS SPIRITUELLES DU SUCCÈS*

En communiquant avec le cœur, vous créez un pouvoir authentique ; vous faites preuve de courage et de discipline en ressentant consciemment vos émotions, y compris vos émotions négatives. Quand vous vous surprenez à juger quelqu'un, par exemple, vous regardez en vous et voyez ce qui, en vous, suscite ce jugement. Vous lui substituez alors de la compréhension. Un partenaire spirituel peut vous aider à pratiquer une telle introspection.

LINDA FRANCIS

Des partenaires spirituels envisagent leur relation différemment des autres couples. Un partenariat spirituel est une relation entre deux égaux, qui a pour finalité leur évolution spirituelle.

Un partenaire spirituel est un compagnon qui vous soutient dans vos efforts de création d'un pouvoir authentique. Il n'est pas n'importe quel compagnon, car il est un égal. Conscients d'être des égaux, vous savez tous deux que rien ni personne dans l'univers n'est plus important que vous l'êtes, mais aussi que rien ni personne dans l'univers n'est moins important que vous l'êtes. Vous ne vous sentez ni supérieur ni inférieur aux autres.

LINDA FRANCIS

L'essentiel à mes yeux est d'exercer un pouvoir authentique – en d'autres termes, d'être capable de me changer moi-même, au lieu de tenter de changer les autres. Quand je rencontre une autre personne qui partage cette perspective, nous pouvons alors créer un partenariat spirituel. Avec mon compagnon, Gary Zukav, par exemple, nous avons noué une telle relation. Cela signifie que mon évolution spirituelle est l'essentiel à mes yeux, mais que je le soutiens dans sa propre évolution spirituelle, et qu'il me soutient dans la mienne.

GARY ZUKAV

Un partenaire spirituel peut m'aider à prendre conscience d'un aspect de ma personnalité dont je n'étais pas conscient, c'est pourquoi de tels partenaires sont précieux. Je sais que Linda, par exemple, me soutient toujours lorsque je suis contrarié, irritable ou en colère.

Il arrive que nous tombions amoureux lorsqu'une personne nous semble parfaite. Nous nous apercevons par la suite que ce n'est pas le cas, et nous apprenons alors consciemment à l'aimer encore davantage.

Un rêve que vous faites seul n'est qu'un rêve.
Un rêve que vous faites ensemble est une réalité.
YOKO ONO ET JOHN LENNON

Votre système émotionnel est gouverné par deux émotions: la peur et l'amour Dans chaque situation, il vous appartient de choisir entre l'énergie de la peur et celle de l'amour. La peur dont il est ici question n'est pas l'émotion que vous pouvez ressentir quand vous vous sentez physiquement menacé – lorsqu'un animal, par exemple, s'approche de vous en grognant, que vous vous tenez au bord d'un précipice, ou que quelqu'un tente de vous intimider. Il s'agit dans ces cas d'une peur adaptative, qui a pour fonction de vous rendre plus prudent. Cette peur retombe dès que le danger a disparu. L'antipode de l'amour est une autre sorte de peur: la peur chronique, qui est récurrente et profondément enracinée.

Lorsque vous accordez votre personnalité avec votre âme, cependant, vous devenez capable de faire la part de la peur et de l'amour, et de laisser l'amour prévaloir contre la crainte dans toutes vos décisions quotidiennes.

MARCI SHIMOFF

Lorsque j'ai rencontré le Dalaï-Lama, j'ai été particulièrement impressionnée par la réponse qu'il a donnée à la question : « Comment voyez-vous les gens ? » Il a répondu qu'il y avait deux manières de regarder les gens. Je peux, soit regarder ce qui, à la surface, nous rend tous différents, soit regarder ce qui, à un niveau plus profond, plus radical, nous rend tous semblables, ce qui nous relie, notre essence humaine fondamentale et commune. Il a ajouté : « Et qui que soit celui que je rencontre, je le regarde avec la vision profonde de cette essence qui nous relie tous. Peu importe qu'il s'agisse d'un chef d'État ou d'une personne dans la rue. Je regarde son cœur et je vois nos deux cœurs. Nous sommes tous semblables. »

Dieu que la vie semble différente quand nous voyons cette humanité qui nous est commune !

Lorsqu'une personne vous rend anxieuse, essayez de voir qu'elle ne fait qu'activer une partie anxieuse de votre personnalité, et n'est pas en train d'essayer de vous dominer. Si vous vous efforcez d'être plus conscient dans ces situations, les parties de votre personnalité qui sont habitées par la peur commenceront à perdre l'emprise qu'elles ont sur vous. Vous direz la vérité, avec bienveillance, même quand elle sera difficile à entendre.

Créer l'amour

Comme l'écrit l'enseignant de pleine conscience Jack Kornfield : « Avec un cœur aimant en toile de fond, tout ce que nous tenterons, tout ce que nous rencontrerons, s'engagera et s'enchaînera plus aisément. Le pouvoir de la bonté aimante [...] apaisera votre vie et vous maintiendra en relation avec votre cœur. »

Cette énergie d'amour s'étend aux autres – nos enfants, nos voisins, notre communauté, et même aux inconnus avec lesquels nous avons des liens dans le monde entier.

MARIANNE WILLIAMSON

> *L'un des plus grands enseignements que mon père nous ait donnés en tant que parent consistait à nous rappeler de prendre note. C'était comme la fameuse réplique dans* Mort d'un commis voyageur *: « Cela mérite notre attention. » La perception aimante se cultive.*

Envoyer de la bonté aimante aux autres améliore votre santé et votre bien-être. Des études scientifiques semblent indiquer que cultiver la bonté aimante accroît le sentiment de lien social ainsi que les émotions positives, et diminue la douleur et le stress. Également dénommée « pratique de la compassion », la bonté aimante vous aide à voir les situations du point de vue des autres. Elle renforce le pouvoir du cœur.

MARIANNE WILLIAMSON

> *Dans* Un cours en miracles, *on trouve cette phrase : « L'amour rétablit la raison, et non l'inverse. » Vivre sans cœur peut, dans certaines situations, apparaître comme étant la solution la plus rationnelle, ou même, selon certains préceptes, la plus intelligente. Toutefois la seule option durable et viable pour la race humaine est, en définitive, de vivre désormais guidée par le cœur, de vivre en accordant une plus grande place à une perspective centrée sur l'amour.*
>
> *Il est facile de parler d'amour, et même d'être amour et d'incarner l'amour tant que les autres se comportent comme nous, n'est-ce pas ? Et tant qu'ils disent exactement ce que nous avons envie d'entendre. Mais la vie nous défie de découvrir un amour plus vaste. Un amour que nous ne portons pas seulement à nos enfants, mais aux enfants de l'autre bout de la ville et de l'autre bout du monde. Une compassion que nous ne ressentons pas dans notre seul intérêt, et pas seulement pour ceux avec qui il nous est facile de compatir, mais aussi pour ceux qui nous ont trahis ou insultés, ou même pire. L'amour dit : « Nourrissez les enfants. » Nous sommes la seule espèce évoluée qui détruise son propre habitat de manière systématique. Que dit l'amour ? « Réparez et sauvegardez la Terre. »*

Grâce à notre cœur, nous exerçons le plus grand pouvoir du cœur – celui d'aimer.

Marianne Williamson ***(ci-contre)***

CONTEMPLATION

La bonté aimante, ou pratique de la compassion

La bonté aimante accroît la compassion. Pour cette contemplation, vous vous asseyez en silence, puis vous vous répétez quatre courtes phrases exprimant successivement la bienveillance, la compassion, ainsi que des vœux de bonheur à vous-même et aux autres. Vous pouvez répéter ces phrases à tout moment – en pratiquant la marche ou la respiration conscientes, quand vous êtes bloqué dans les embouteillages, au réveil ou avant de vous endormir. Vous pouvez également les noter sur un pense-bête que vous placerez sur votre panneau d'affichage ou votre réfrigérateur, ou que vous garderez dans votre téléphone. Vous pouvez formuler intérieurement ces phrases quand vous pratiquez la respiration consciente, à l'inspir ou à l'expir, ou bien sans vous concentrer sur votre respiration ; voyez ce qui vous est le plus facile. Vous commencez par vous exprimer à vous-même amour et bienveillance, car cela ouvre votre cœur et l'emplit d'amour, ce qui vous permet d'envoyer cette énergie aux autres.

Répétez-vous ces phrases :

Puissé-je être en sécurité. Puissé-je être heureux. Puissé-je être en bonne santé. Puissé-je vivre en paix.

S'il vous est difficile de ressentir que vous vous chérissez, posez doucement une main au niveau de votre cœur en inspirant et dites-vous ces phrases intérieurement ou à haute voix.

Adressez à présent ces pensées à une personne qui exerce une influence positive sur votre vie. *Puisses-tu être en sécurité. Puisses-tu être heureux. Puisses-tu être en bonne santé. Puisses-tu vivre en paix.*

Adressez ensuite ces pensées à une personne pour laquelle vous n'éprouvez pas de sentiments positifs ou négatifs. *Puisses-tu être en sécurité. Puisses-tu être heureux. Puisses-tu être en bonne santé. Puisses-tu vivre en paix.*

Puis, adressez ces pensées à une personne avec qui vous avez une relation difficile. *Puisses-tu être en sécurité. Puisses-tu être heureux. Puisses-tu être en bonne santé. Puisses-tu vivre en paix.*

Enfin, adressez ces pensées à tous les êtres de ce monde. *Puissiez-vous être en sécurité. Puissiez-vous être heureux. Puissiez-vous être en bonne santé. Puissiez-vous vivre en paix.*

14. Résilience, peur et échecs

Si votre cœur acquiert de la force, vous parviendrez à éradiquer les défauts des autres sans penser de mal d'eux.

GANDHI

De la seule présence de Maya Angelou émanent vitalité, énergie et charisme. Célèbre poète, auteur de mémoires, romancière, professeur, actrice, historienne, réalisatrice et militante pour les droits civiques, elle a relaté le combat qu'elle a mené pour survivre dans un monde complexe et divisé par le racisme. Douée de multiples talents, elle est avant tout une femme d'une immense compassion qui toujours, dans l'adversité comme dans la prospérité, a suivi son cœur, et a encouragé les autres à faire de même.

J'ai eu le grand privilège de m'entretenir Maya Angelou chez elle. Elle m'a avoué spontanément la raison pour laquelle elle avait aussitôt accédé à ma demande d'interview. Selon elle, c'était précisément à ce stade de sa vie bien remplie qu'elle était à même d'encourager les autres à comprendre pourquoi il est si essentiel de vivre guidé par son cœur – qui que nous soyons, d'où que nous venions, et quoi que nous ayons vécu.

Si je devais décrire Maya Angelou en un mot, après l'avoir rencontrée, je choisirais celui de « résilience ». Elle me raconta le racisme brutal auquel elle avait été confrontée dans sa jeunesse, ainsi que les événements tragiques qu'elle avait vécus et dont elle avait été témoin. Elle avait aidé Malcolm X, l'une des figures du mouvement des droits civiques, à fonder l'Organisation de l'unité afro-américaine, et avait également tenu le rôle de coordinatrice du nord des États-Unis dans le cadre de la Southern Christian Leadership Conference, sous la présidence du révérend Martin Luther King. Lorsque Malcolm X fut assassiné, puis Martin Luther King peu après lui – un 4 avril, jour de son anniversaire – elle crut que le monde s'écroulait.

Pourtant, Maya Angelou n'éprouve pas d'amertume. Avec les années, elle a su muer ces deuils en sagesse. Elle a toujours refusé, m'a-t-elle affirmé, de laisser l'injustice de la vie lui faire adopter une attitude de victime. Toutes les peines qu'elle a connues ont accru la résilience de son âme. « L'amertume est pareille à un cancer, dit-elle. Elle vous consume. » « Noyer son chagrin dans l'alcool n'est pas une fatalité. Il faut toujours s'efforcer de retrouver la joie. » Elle a ensuite entonné le refrain d'un beau chant de gospel pour souligner ses paroles :

Take your burden to the Lord and leave it there.
Leave it there, leave it there.
Take your burden to the Lord and leave it there.
If you trust and never doubt, He will surely bring you out.
Take your burden to the Lord and leave it there.

(N.d.T. :
« Apportez votre fardeau au Seigneur et laissez-le là.
Laissez-le là, laissez-le là.

Apportez votre fardeau au Seigneur et laissez-le là.
Si vous avez la foi et jamais ne doutez, Il vous en délivrera.
Apportez votre fardeau au Seigneur et laissez-le là. »)

La vie peut être dure et nous fait traverser maintes épreuves. Les revers sont inévitables, et certaines forces échappent à notre contrôle : la maladie, une mauvaise conjoncture économique, des licenciements, le décès de personnes aimées. Votre cœur peut vous aider à faire face à de telles difficultés en vous donnant accès à la résilience essentielle de votre âme.

MAYA ANGELOU

Chaque jour, vous y travaillez. Chaque jour, vous écoutez votre cœur, chaque jour vous lui parlez. Chaque jour vous essayez de faire le bien, aux bonnes personnes, tout le temps.

Faites tout le bien possible. Par tous les moyens possibles. De toutes les manières possibles. Partout où c'est possible. Chaque fois que c'est possible. À toutes les personnes possibles. Aussi longtemps que possible.

JOHN WESLEY

Même si vous réalisez que la vie ne sera plus jamais la même, vous pouvez apprendre et évoluer, en affrontant vos problèmes. Traverser un passage difficile peut vous fortifier. Le plus souvent, le fait d'avoir été durement éprouvé et forcé de puiser dans vos ressources vous procure ensuite une qualité de vie supérieure.

***Aussi pénible qu'ait été le passé,
vous pouvez toujours prendre un nouveau départ.***

BOUDDHA

Vous devez trouver le courage de vous fier aux sages avis de votre cœur, même dans les moments de déception et de tristesse. Si vous les suivez, vous serez alors convaincu qu'un revers n'est pas la fin du monde, mais peut faire prendre à votre vie une tournure intéressante.

MAYA ANGELOU

Le cœur frappe à votre porte : « Ouvre la porte, dit-il, me voici, tu as besoin de moi. » « Oh, vois ce qui m'arrive, lui répondez-vous, je vis un enfer. Jamais je n'avais connu cela. » « Fais-moi confiance, je te sortirai de là », vous assure-t-il alors.

MICHAEL BECKWITH

La vie est semée d'épreuves. Les épreuves et les difficultés sont souvent la chaleur et le feu intenses qui nous forcent à nous ouvrir, révélant ainsi les dons, les talents et les capacités qui gisent en nous.

Lorsque la vie contrarie vos souhaits ou vos projets, votre mental peut produire en série des scénarios fatalistes et oppressants, qui accentuent les limitations au lieu des opportunités. Ces scénarios catastrophe vous font apparaître l'obstacle que vous rencontrez comme une condamnation à perpétuité, et vous feraient croire que la vie, à la suite d'un licenciement ou un échec amoureux, ne vaut plus la peine d'être vécue. Si cependant vous vous arrachez à ces pensées en nouant un dialogue avec votre cœur, vous en serez récompensé par la confiance en vous que vous aurez acquise en traversant cette mauvaise passe.

PAULO COELHO

Lorsque vous connaissez un échec et que vous souffrez, ne feignez pas d'être spirituellement supérieur. Asseyez-vous et pleurez. Sanglotez: « Oh mon Dieu, pourquoi m'as-tu abandonné? » Vous avez le droit de pleurer, vous avez le droit de connaître un échec. N'essayez pas d'éviter la souffrance, vous ne feriez que vous tromper vous-même. Mais donnez-vous un délai, disons une semaine, un mois, comme vous voudrez. Et souffrez alors de toutes vos forces. Dites-vous: « Bon, je vais souffrir, je vais pleurer, je ne vais plus manger, je vais me gaver, je vais faire ceci ou cela, je vais me plaindre, j'insulterai un peu l'énergie divine. » Mais dites-vous ensuite: « Cela fait partie de la vie. » N'abandonnez pas, vous traverserez cette expérience avec une force que vous ne vous connaissiez pas. N'ayez pas la lâcheté d'éviter la souffrance. Souffrez! Ce n'est pas mauvais.

Je souffre beaucoup. Je me suis heurté à beaucoup de résistances. Pourtant, lorsque j'en surmonte, et que je me dis: « Je ne laisserai pas cette chose me paralyser, je ne me conformerai pas à leur idée de ce que je dois faire », je me sens plus fort, et cela me fait du bien.

La source de la sagesse est tout ce qui va nous arriver aujourd'hui, c'est tout ce qui nous arrive à l'instant même.

PEMA CHÖDRÖN

HOWARD MARTIN

Lorsque nous descendons en nous-mêmes, nous découvrons l'intelligence du cœur. Nous commençons alors à envisager la vie de manière plus confiante et optimiste. Même notre dialogue

> *intérieur change. Nous finissons par avoir des pensées telles que : « C'est une situation épouvantable, et j'ignore comment je m'en sortirai, mais j'en ai vu d'autres, et j'ai toujours trouvé une issue. J'en trouverai certainement une cette fois-ci. » C'est ainsi que vous parle l'intelligence du cœur.*

Votre cœur, du fait qu'il a de votre vie une perspective plus large que votre cerveau, est à même de vous montrer comment faire face à un problème. Peut-être la perte de votre emploi sera-t-elle une étape qui vous conduira à un nouvel environnement professionnel, dans lequel vous acquerrez de nouvelles compétences. Peut-être trouverez-vous une nouvelle manière d'offrir de l'amour après avoir perdu une personne aimée. Restez connecté à votre cœur et soyez à l'écoute de ses conseils.

PAULO COELHO

> *Soudain, vous êtes confronté à une tragédie et vous vous interrogez : « Mon Dieu, quel est le sens de la vie ? » Puis, au lieu d'être effrayé par elle, vous décidez : « Je vais changer ma vie. Je ferai ce qui est important pour moi, et non ce qu'ils m'ont dit de faire. »*

Quand vous arrivez à voir un échec avec les yeux de votre cœur, vous ne changez peut-être pas la réalité de cet échec, mais vous modifiez la perception que vous avez de lui. C'est seulement en ayant le courage de suivre votre cœur et de vous en remettre à votre âme pour vous mener à destination, que vous pouvez reprendre le cours de votre vie.

MICHAEL BECKWITH

Lorsque nous prenons conscience de ce que les épreuves contribuent à la réalisation de notre âme, qu'elles font partie de la vie, de cette incarnation et de cette quête spirituelle, nous les abordons différemment. Nous formons l'intention de cultiver une pratique spirituelle qui nous serve à grandir, à nous réaliser et à devenir plus nous-mêmes.

Quand vous considérez les difficultés comme des épreuves qui ne font que fortifier votre âme, vous constatez à terme que, quoi qu'un revers ait été inévitable et que vous ne l'ayez pas prévu ou mérité, il vous a fait grandir.

NEALE DONALD WALSCH

Vous pouvez même éprouver de la gratitude pour des expériences dont vous imaginez qu'elles ne vous sont en rien bénéfiques, qu'elles ne vous sont pas vraiment nécessaires, ou que vous regrettez d'avoir eu à vivre. Même dans ces moments, les maîtres spirituels disent : « Merci à la vie, merci à Dieu, merci au moi divin pour cette expérience physique, car je sais que je verrai d'ici peu l'extraordinaire cadeau qu'elle renfermait. »

Les échecs fournissent des occasions uniques d'explorer la résilience de l'âme. Ils peuvent ainsi vous rendre moins vulnérable et développer en vous les ressources qui vous permettront de mieux faire face aux échecs suivants. Vous vous apercevrez que le vent contraire que vous avez dû affronter en chemin était essentiel à votre évolution. Votre survie en est plus précieuse. L'amour en est plus suave. Et vous appréciez la réussite pour le temps qu'elle dure, après avoir subi un revers.

Notre plus grande gloire n'est pas de ne jamais tomber, mais de nous relever après chaque chute.
CONFUCIUS

Afin de vous libérer du désespoir, de la colère et de l'apitoiement sur soi, rappelez-vous, même quand la vie est un combat, de tout ce dont vous pouvez être reconnaissant. Les motifs de gratitude sont parfois difficiles à voir, néanmoins ils existent. La gratitude vous aide à transformer la portée et le sens d'un échec, et à le rendre plus supportable.

RUEDIGER SCHACHE

Exprimer sa gratitude, c'est comme envoyer de l'amour à Dieu. Être reconnaissant, c'est ouvrir son cœur et dire un grand oui à Dieu, à l'univers, à son âme, ou à ce en quoi l'on croit, quoi que ce soit. Cultiver une attitude de gratitude est l'une des meilleures manières d'ouvrir son cœur.

Quoi qu'il se produise dans votre vie, ayez foi dans un ordre supérieur, dans le soutien d'un pouvoir supérieur, et sachez que vous n'êtes pas seul. Gardez à l'esprit, même dans l'adversité, que vous êtes plus qu'un corps – vous êtes une âme connectée à d'autres âmes.

GARY ZUKAV

Un humain à cinq sens considère une expérience comme une bonne ou une mauvaise fortune, une situation positive ou négative, la meilleure ou la pire des chances. Un humain multisensoriel, lui, a une perception plus large. Il voit en toute expérience une possibilité d'évoluer spirituellement. Toute expérience.

Ruediger Schache *(ci-contre)*

En général, quand quelque chose dans la vie nous fait mal, nous ne le voyons pas comme notre voie ou la source de notre sagesse. En fait, nous croyons être sur la voie pour nous débarrasser de ce sentiment pénible [...] C'est maintenant qu'il faut le faire [...] Maintenant c'est le moment. Maintenant c'est le seul moment qui existe.

PEMA CHÖDRÖN, *QUAND TOUT S'EFFONDRE*

Le cœur vous aide à surmonter la peur

La peur et l'amour sont des émotions opposées, mais se complètent aussi l'une l'autre. Tout ce qui n'est pas amour est peur. L'amour procède de l'âme, tandis que la peur est la racine de toutes les émotions négatives, notamment la colère, l'irritation, la jalousie, le ressentiment, la haine, ainsi que du machisme, du sentiment de supériorité et d'infériorité. La peur est ce qui vous empêche de vous connecter à votre cœur. Cette peur-là est à distinguer de la sensation d'être menacé physiquement que vous éprouvez en entendant des sons inquiétants ou quand une personne tente de vous intimider.

PAULO COELHO

Certaines peurs, bien entendu, sont nécessaires. Regarder avant de traverser la rue, pour éviter d'être fauché par une voiture, c'est une peur positive. D'autres, en revanche, sont de cet ordre : « J'ai peur de parler à cette femme ou à cet homme, parce que je crains d'être rejeté. » C'est une peur stupide. Par conséquent, choisissez vos peurs, et ne soyez pas paralysé par les mauvaises. La peur, d'une certaine manière, sert à nous éprouver.

Nous avons tous des peurs. Bien sûr, c'est fâcheux, et la plupart d'entre nous n'en sont pas particulièrement fiers. Pourtant, les moments où vous ressentez de la peur vous donnent une excellente occasion de parvenir à mieux vous comprendre.

Si vous essayez de vous débarrasser de la peur et de la colère sans connaître leur signification, elles grandiront et vous harcèleront.
DEEPAK CHOPRA, *LE TROISIÈME JÉSUS*

Rien ne disparaît jamais avant de nous avoir appris ce que nous avons besoin de savoir.
PEMA CHÖDRÖN

GARY ZUKAV

Les parties de votre personnalité qui sont fondées sur la peur ne sont pas des obstacles, ni des ennemies. Elles vous mettent sur la voie de votre évolution spirituelle.

Lorsqu'une personne vous accuse à tort, qu'elle essaie de vous imputer une chose dont vous n'êtes aucunement responsable, vous vous sentez accusé injustement et de ce fait, fâché ou indigné. Vous pouvez néanmoins déterminer ce que vous allez faire de cette colère en décidant alors – ou non – d'accorder votre personnalité avec votre âme. La seule cause de votre colère est la partie apeurée de votre personnalité qui juge injuste le comportement de l'autre personne (celle qui, selon vous, vous a accusé à tort). Tant que vous vous laisserez gouverner par une partie apeurée de votre personnalité, vous serez dominé par votre colère.

RUEDIGER SCHACHE

Les événements extérieurs ont simplement pour effet de presser un bouton dans votre système, ce qui active, par exemple, la peur ou la colère. Ce que vous pouvez faire à ce moment, c'est vous concentrer sur votre monde intérieur, sur cette colère ou cette peur.

MICHAEL BECKWITH

Lorsque nous envisageons de défier une peur, nous envisageons en fait d'éclairer de notre conscience ce qui en nous est en proie à la peur.

Avant de vous connecter à votre cœur pour transformer votre colère en amour, vous devez faire face à votre colère et prendre conscience de ce qu'elle est une impulsion d'une partie de votre personnalité habitée par la peur. Rappelez-vous que, tout comme vous, la personne qui a suscité votre peur est plus qu'une personnalité – elle est une âme, et votre égale.

PAULO COELHO

Vous devez livrer une lutte intérieure afin de faire confiance à votre intuition et à votre cœur.

Fiez-vous à votre cœur pour vous retenir d'exprimer votre colère par des paroles et des actions violentes. La décision consciente de transformer votre colère en amour vous permettra de tenir le gouvernail, et ainsi d'empêcher que les émotions négatives prennent la barre. Considérez vos peurs comme des présents renouvelés, qui vous offrent la chance d'évoluer.

ISABEL ALLENDE

Il est très difficile, quand on est apeuré, de se souvenir de l'amour. La peur est l'une des émotions les plus puissantes qui soient.

Il peut être malaisé, lorsque vous ressentez des émotions négatives, de vous rappeler que votre tourmenteur et vous êtes de belles âmes connectées à un niveau de conscience supérieur, et que cette colère n'est rien de plus qu'une impulsion d'une partie effrayée de votre personnalité.

Comment faire ?

LINDA FRANCIS

Malgré la peine que je ressens dans mon cœur, j'ouvre mon cœur. J'inspire dans mon cœur. J'ouvre mon cœur et je me rappelle ce dont je suis si reconnaissante – mes petits-enfants, les fois où je suis allée à la montagne, ou au bord d'un ruisseau. Je m'ouvre à l'amour que j'ai éprouvé auparavant dans ma vie. Cela me permet de changer de perspective, et d'abandonner celle de cette partie effrayée de ma personnalité.

RUEDIGER SCHACHE

Si vous êtes capable de trouver les aspects positifs et négatifs de chaque situation que vous vivez, vous parviendrez à vaincre toutes vos peurs et à obéir à votre cœur. Concentrez-vous sur les aspects positifs. C'est la voie à suivre.

GARY ZUKAV

Vous n'êtes pas obligé de laisser ces sensations douloureuses ou ces jugements négatifs dicter votre conduite ou votre discours. C'est toute la question. Vous n'êtes pas obligé de les laisser contrôler vos actes ou vos paroles, même lorsque vous en faites l'expérience. Plus vous serez vigilant, et moins vous serez dominé par ces parties de votre personnalité. Elles continueront à se manifester, vous continuerez à les ressentir et à en souffrir, mais vous ne serez plus contrôlé par elles.

Vous éprouverez encore des émotions négatives, même après vous être connecté à votre cœur. Si vous choisissez de ne pas les exprimer, elles ne gouverneront pas votre vie, mais vous devez avoir conscience d'elles et les observer. Vous pouvez faire ce choix. Ouvrez-vous aux pensées aimantes. Seule votre peur interprète le comportement d'une autre personne comme, par exemple, une accusation.

Exercez votre pouvoir authentique. L'autre personne, qui est vue par les parties apeurées de votre personnalité comme l'instigatrice d'une émotion négative, n'est pas responsable de votre peur.

Quand nous sommes dans le pétrin [...] [n]ous pouvons nous rendre nous-mêmes puissants ou misérables.

PEMA CHÖDRÖN

Les émotions négatives commencent à perdre l'emprise qu'elles ont sur vous dès lors que vous choisissez de vous en détourner en ouvrant votre cœur, dès lors que vous aimez vraiment et que votre cœur compatit à la souffrance des autres. Quand votre personnalité est en parfait accord avec votre âme, vous êtes capable d'écouter la voix de votre cœur, même aux moments où une émotion négative menace de vous envahir.

PAULO COELHO

Il n'est pas mauvais d'avoir peur. La seule chose qui soit mauvaise, c'est d'être paralysé par la peur. Dès l'instant où vous la laissez vous paralyser, vous êtes perdu.

Chaque fois que vous éprouvez une émotion négative, vous pouvez faire le choix de la transformer en amour.

Lorsqu'une intention motivée par la peur, et donc négative, vous pousse à agir, l'énergie négative manifestée par votre action vous affecte nécessairement en retour. Car chacune de vos intentions est énergie – et l'énergie que vous émettez finit toujours par vous revenir, conformément au principe de l'action et de la réaction, et à la loi de causalité. Aussi, toute la violence verbale et toute la colère que vous exprimerez, vous les recevrez ensuite des autres. C'est seulement en choisissant l'amour au lieu de la peur, que vous pouvez mettre fin au cercle vicieux de la négativité.

Toutes nos actions s'accumulent ; le futur est le résultat de ce que nous faisons à ce moment même.

PEMA CHÖDRÖN

L'énergie aimante de votre âme peut inspirer votre personnalité et lui permettre de s'épanouir en donnant et en recevant de l'amour.

Vous aussi êtes capable de résilience. Quelle que soit votre situation, vous pouvez transformer votre vie en un chemin de compréhension et d'amour en faisant preuve de dignité, et en pratiquant la pleine conscience et la bonté aimante. Le monde, plus que jamais, a besoin de cette sagesse et de cet amour. Par sa pratique individuelle, chacun de nous peut semer des graines de bonté dans sa famille, dans sa communauté, et sur la Terre. C'est ainsi que nous partageons le véritable pèlerinage de l'esprit, où que nous soyons.

JACK KORNFIELD

CONTEMPLATION

Vivre sans peur

Les moments où vous ressentez de la peur sont d'excellentes occasions d'ouvrir votre cœur et d'exercer un pouvoir authentique. Une peur est généralement le fruit de votre imagination, nourrie par une partie effrayée de votre personnalité. Fiez-vous à votre cœur, faites face à votre peur, et ayez conscience de ce qu'elle est une impulsion de cette partie de votre personnalité, et non de votre cœur ou de votre âme. Vous pouvez choisir de transformer votre peur en amour. Cette contemplation associe des techniques utiles pour surmonter la peur et changer le comportement, proposées par la conférencière et experte en motivation Rhonda Britten, ainsi que l'enseignante de méditation bouddhiste Pema Chödrön. Il s'agit de sonder vos émotions par des questions, afin d'approfondir votre connaissance de vous-même.

Asseyez-vous, puis choisissez une situation dans laquelle vous ressentez de la peur ou de la colère. Pensez à ce qui, selon vous, se produira – ce que, selon vous, vous serez obligé de faire dans cette situation, et ce que, selon vous, feront les autres. Agissez-vous d'une certaine manière parce que vous vous y sentez obligé ? Cela vous met-il sur la défensive ou en colère ?

Tandis que vous sentez la peur monter en vous, remarquez comment vous êtes conditionné à réagir. Arrêtez. Ne dites pas ce que vous avez l'habitude de dire. Ne faites pas ce que vous l'habitude de faire. Faites une chose que vous ne faites jamais dans cette situation. Faites n'importe quoi, pourvu que vous ne l'ayez jamais fait en pareil cas.

Ayez conscience que cette peur est éphémère. Observez l'émotion ou la peur, voyez-la telle qu'elle est, et laissez-la s'éloigner ou retomber. Peut-être est-il difficile pour vous de *ne pas* faire quelque chose, mais il peut être préférable de rester assis, de respirer, et de ne rien faire du tout. Afin de transformer ces attentes en intentions positives, respirez consciemment et connectez-vous à votre cœur. Remplacez ces attentes négatives par des intentions positives. Visualisez comment vous agirez avec le cœur, comment vous offrirez amour et compassion aux autres.

15. Le pardon

Les faibles sont toujours incapables de pardonner.
Le pardon est l'attribut des forts.
GANDHI

Au cours de notre entretien, qui eut lieu chez elle, à la Casa de Los Espiritus, à San Rafael – dans le comté de Marin, près de San Francisco – , Isabel Allende me raconta qu'elle avait été élevée par ses grands-parents, ce qui était également mon cas. Sa grand-mère, qui était très spirituelle, communiquait avec les âmes des défunts. C'était elle qui lui avait fait réaliser que nous vivons dans un monde magique, loin de se réduire à ce que nos cinq sens perçoivent de lui.

L'interview se déroula dans son bureau, où trônait encore une vieille machine à écrire, et où elle avait composé tant de ses romans merveilleusement écrits. Isabel Allende parle avec passion ; chacun de ses mots est percutant.

Lorsque j'abordai l'importance du pardon, elle se tut pendant plusieurs minutes. Il s'agissait, à l'évidence, d'un pouvoir qui était cher à son cœur. Elle évoqua la mort de sa fille Paula, en 1992, à la suite d'une faute médicale commise dans un hôpital de Madrid. Paula était atteinte de porphyrie, une maladie héréditaire qui n'empêche toutefois pas d'atteindre un âge avancé. Les médecins ne l'ayant pas traitée correctement, Paula tomba dans le coma et fut placée sous assistance respiratoire. Après que l'hôpital lui eût retiré cette assistance, Isabel Allende ramena sa fille chez elle et prit soin d'elle pendant un an, espérant, priant et implorant qu'elle sortît de ce coma.

Alors que Paula était mourante, pendant les heures qui précédèrent sa mort, Isabel Allende, aidée de sa mère et de sa belle-fille, lava Paula à l'aide d'une éponge, l'habilla élégamment et peigna ses cheveux. Elle plaça sur sa poitrine des talismans : une fleur orange qu'avait portée sa grand-mère le jour de son mariage, un miroir en argent, des photos de sa nièce et de son neveu, et une cuillère en argent. Isabel Allende considéra la mort de Paula comme une libération pour sa fille, mais n'en fut pas moins plongée dans une profonde douleur. Elle écrivit plus tard : « Silence avant de naître, silence après la mort. La vie n'est rien d'autre qu'un bruit entre deux insondables silences. »

Après la mort de Paula, elle « fit par nécessité l'expérience du pardon ». Elle éprouvait de la colère, mais dut pardonner aux médecins afin de pouvoir tourner la page. Elle reconnut que les médecins, quoique responsables de la mort de Paula, n'avaient pas eu l'intention de lui faire de mal.

ISABEL ALLENDE

J'ai perdu ma fille, parce qu'il y a eu faute médicale et négligence à l'hôpital. J'aurais pu porter pour le restant de mes jours le fardeau de la colère et du ressentiment, après cela. J'aurais pu blâmer et intenter un procès à l'hôpital, mais j'ai préféré écrire un livre. Ce livre m'a en quelque sorte permis de me purifier de ces émotions. J'ai compris ce qui s'était passé et réalisé qu'ils n'avaient pas eu de mauvaise intention. Ils ont fait preuve de négligence, d'ignorance, mais n'avaient pas pour but de lui faire du mal. J'ai pardonné et, depuis dix-neuf ans, je vis heureuse avec l'esprit de ma fille. Je ne porte pas ce fardeau.

Pardonner ne signifie pas comprendre, défendre ou approuver le comportement d'une autre personne, ni essayer de réprimer les sentiments qu'elle a causés. Pardonner ne signifie pas non plus effacer de votre mémoire ce qu'a fait l'autre, en feignant de n'avoir jamais subi cette blessure, cette humiliation ou ce tort. Pardonner signifie simplement ouvrir à nouveau la porte de votre cœur et être prêt à cesser, une fois pour toutes, de regretter que le passé soit ce qu'il est, et que des injustices aient été commises.

MARCI SHIMOFF

Pardonner ne signifie pas cautionner le comportement d'une autre personne. Ce point est très important. Pardonner signifie simplement que vous vous libérez des rancœurs qui vous habitent, et des blocages énergétiques qu'elles causent.

HOWARD MARTIN

Pardonner est un des actes les plus puissants qui soient. Ce n'est pas chose facile, accorder son pardon est même l'une des choses les plus difficiles à faire, en particulier lorsque nous pensons avoir raison de penser que nous avons été lésés.

Nourrir de la rancune affecte non seulement votre relation à la personne à laquelle vous pourriez pardonner, mais aussi vos autres relations, car elle peut vous couper de votre cœur. La rancœur bloque le libre flot de l'amour et de la sagesse dans votre cœur. Puisez à la source d'amour inépuisable qui est en vous afin de pouvoir pardonner, de dénouer les blocages et de recommencer à vivre librement dans l'amour et la compassion.

ISABEL ALLENDE

C'est le pardon qui nous soulage de ce fardeau que nous portons.

Pardonner signifie accepter d'avoir subi un tort, mais aussi de ne pas pouvoir revenir en arrière. Vous n'oubliez pas ce qu'a fait l'autre personne, cependant le regret que les choses ne se soient pas passées autrement fait place à un espoir tourné vers l'avenir, de sorte que vous n'êtes plus prisonnier du passé. On ne pardonne pas en se retournant en arrière, mais en regardant devant soi ; en réalisant que ce n'est pas sans raison qu'un pare-brise est bien plus grand qu'un rétroviseur.

En d'autres termes, pardonner consiste à abandonner l'idée que vous devez en vouloir à une personne jusqu'à la fin de vos jours. Car si vous le faites, vous ne serez jamais vraiment heureux. Voilà pourquoi il est si important de pardonner. Cela demande de changer radicalement la représentation que vous vous faites de la personne à laquelle vous pourriez pardonner. Au lieu de la voir comme quelqu'un qui vous a fait du mal, vous devez la voir comme quelqu'un qui vous aide à vous rapprocher de votre cœur.

HOWARD MARTIN

Lorsque nous ne pardonnons pas, nous portons des jugements et pouvons éprouver de la résignation, ce qui ne nous fait aucun bien. Cela, au contraire, nous fait du mal et nous déprime.

Howard Martin ***(ci-contre)***

Cela nous démoralise et nous prive de la qualité de vie, et même de la bonne santé, dont nous pourrions jouir.

Ne pas pardonner vous oblige à supporter le joug irritant de la rancune. Celle-ci vous cause plus de mal encore que le souvenir d'un événement irréversible du passé. Nourrir de la rancœur, c'est comme avaler une coupe de poison en espérant qu'elle tue l'autre personne. Celle-ci n'en est pas affectée, alors que vous finissez par vous détruire.

Nous avons tous été profondément blessés, exclus, trahis ou lésés à certains moments de notre vie. Il est souvent extrêmement difficile, même quand l'autre demande explicitement pardon, de se résoudre à le lui accorder.

MARIANNE WILLIAMSON

Le pardon est un acte intéressé. Vous décidez : « Je refuse d'être bloqué ainsi, je veux pouvoir continuer à vivre ma vie sans le poids du passé. Je pardonne, dans mon propre intérêt. »

MICHAEL BECKWITH

Le pardon est essentiel à notre évolution, notre développement et notre réalisation spirituels.

Le pardon est avant tout un acte de libération. Il vous libère de l'amertume que le comportement de l'autre personne a suscitée en vous et qui vous ronge.

ISABEL ALLENDE

Le pardon est un acte très personnel, qui naît de l'amour et du sentiment d'être en paix avec soi-même. C'est un événement si intime, si profond, qu'on ne peut le forcer. Le pardon ne peut se raisonner, car il vient du cœur. Lorsque vous vous réconciliez avec votre propre cœur, vous pardonnez tout.

MAYA ANGELOU

Le pardon est primordial. La pensée que le pardon existe me fait toujours pleurer de gratitude.

Le pardon est un acte que vous réalisez plus pour vous-même que pour une autre personne. Il est nécessaire à *votre* bien-être spirituel et à *votre* santé physique. C'est un processus qui vise à débloquer toutes les voies qui partent de votre cœur et qui y mènent, afin que l'amour et la sagesse puissent à nouveau y couler librement.

Il n'est pas nécessaire de laisser la personne à laquelle vous pardonnez revenir dans votre vie. Il n'est du reste pas même nécessaire qu'elle sache que vous lui avez accordé votre pardon. Cette personne, parfois, ne peut d'ailleurs pas l'apprendre, car elle est décédée. Mais il n'est jamais trop tard pour pardonner à quelqu'un dans votre cœur.

MARCI SHIMOFF

L'une des histoires de pardon les plus inspirantes que je connaisse est celle d'un moine bouddhiste tibétain qui fut emprisonné pendant vingt ans par le gouvernement chinois. Durant ces années, il fut très souvent maltraité et battu par ses

> *gardes. Lorsqu'il fut libéré, il se rendit aux États-Unis où il eut un entretien avec le Dalaï-Lama, qui lui demanda : « Quand vous êtes-vous senti le plus en danger ? » Et le moine répondit : « Quand j'ai cru que je n'allais plus pouvoir ressentir de la compassion pour mes gardiens, ni leur pardonner. »*

Marci Shimoff considère Nelson Mandela à la fois comme un grand homme et un archétype humain du pardon. Avant d'être élu premier président noir de l'Afrique du Sud, il fut détenu pendant plus de vingt-sept ans comme prisonnier politique par le gouvernement blanc d'apartheid, principalement sur l'île de Robben Island, un enfer terrestre dans lequel les gardes battaient les prisonniers et leur faisaient subir d'autres mauvais traitements. Le courrier que recevait Mandela était censuré et restreint, de sorte qu'il n'avait que très peu de contacts avec sa famille. Malgré cela, et parce qu'il ne pouvait ni ne voulait vivre sans amour, Mandela fit le choix de pardonner à ses gardes et de ressentir dans son cœur de l'amour pour eux. Il engageait la conversation avec eux, leur enseignait l'histoire, et apprit à l'un d'eux que l'on reçoit à la mesure de ce que l'on donne.

Comme il leur pardonnait, les gardes éprouvaient des difficultés à le maltraiter, ce qui obligeait la direction de la prison à les remplacer régulièrement. Quoique privé de liberté, il choisit ainsi de n'être prisonnier ni de la rancune ni de la colère. Devenu président, Mandela resta en relation avec plusieurs de ses gardiens.

La plupart d'entre nous n'auront jamais à traverser une épreuve aussi brutale, cependant sommes-nous capables de ressentir de la compassion et de pardonner les affronts, les trahisons ou les découragements bien moindres que nous subissons dans nos vies ?

MAYA ANGELOU

Lorsque vous êtes présent, soyez-le totalement. Soyez présent avec le meilleur de vous-même. Vous pourrez sans doute alors voir quel est le pouvoir du pardon.

Une fois que vous aurez pardonné sincèrement, vous pourrez déposer le pesant fardeau de la rancœur, et libérer l'amour qui est en vous. Vous pourrez pousser un soupir de soulagement et tourner la page.

MICHAEL BECKWITH

Non seulement leur âme est libérée de ces émotions toxiques, mais ils découvrent une dimension très lumineuse de leur être, dont ils ignoraient l'existence. Les mots me manquent pour le décrire. Le pardon est tout simplement une puissante manière d'être au monde.

Y a-t-il dans votre vie en ce moment une personne dont le comportement vous tient en otage depuis un certain temps ? Une personne suscitant des pensées qui ne cessent de couvrir la conversation que vous tentez d'avoir avec votre cœur ? N'est-ce pas le moment idéal de renoncer à votre colère et à votre rancune ?

Les suggestions suivantes vous seront peut-être utiles :

- Il vous appartient de pardonner. Vous pouvez choisir de continuer à vivre votre vie, au lieu de revivre votre souffrance. Personne d'autre que vous ne peut faire ce choix, et personne, en définitive, n'en bénéficiera plus que vous.

- Ayez conscience de l'impact qu'ont la colère et le ressentiment sur votre vie. Rappelez-vous que cet impact sera toujours plus important que celui de votre expérience passée et irréversible.
- En pardonnant, vous vous donnez la possibilité d'être à nouveau heureux et de continuer à vivre votre vie. Essayez de nourrir de l'amour et de la compassion pour l'autre dans votre cœur.
- Essayez de voir la situation du point de vue de l'autre personne, aussi difficile que ce soit. Cela ne revient pas à excuser son comportement, cependant il ou elle est, comme vous, une âme sur terre.
- Prenez votre temps pour pardonner. Rien ne vous oblige à le faire aujourd'hui. Demain est un autre jour. Il n'est jamais trop tard pour pardonner.
- Ne vous attardez pas sur le passé. Efforcez-vous plutôt de concentrer votre attention sur le moment présent.Le passé est derrière vous, et vous ne pouvez pas revenir en arrière.

CONTEMPLATION

Résoudre les conflits

Cette pratique de pardon ancienne est une voie vers la paix. Vous pouvez y recourir afin de résoudre des problèmes ou conflits intérieurs, ou de vous libérer de la colère que vous éprouvez à l'égard de ceux qui vous ont blessé.

Écrivez ou dites ces quatre phrases : « Je suis désolé. S'il te plaît, pardonne-moi. Merci. Je t'aime. »

Vous pouvez dire ces phrases intérieurement, en les adressant à vous-même, ou à une personne avec laquelle vous n'êtes plus en bons termes. Vous pouvez même les adresser à une personne décédée.

Restez assis, en gardant ces quatre phrases dans votre cœur. Sentez que vous exprimez ces vœux à une personne à laquelle vous avez besoin de pardonner. « S'il te plaît, pardonne-moi. Je suis désolé. Merci. Je t'aime. »

Chaque jour, passez cinq ou dix minutes, assis, à adresser ces vœux à une personne ou à une situation. Au bout de plusieurs jours, ou une semaine, ou même deux, vous sentirez vos émotions basculer ; celles qui vous pesaient s'allégeront et votre moral remontera.

16. Une civilisation du cœur

Cela est ma seule religion. Nul besoin de temple, nul besoin de philosophie compliquée. Notre cerveau, notre cœur est notre temple ; la philosophie est la bonté.

DALAÏ LAMA

Votre cœur est la porte par laquelle vous accédez à un niveau de conscience supérieur, celui de l'amour et de la sagesse. Quand vous suivez votre cœur, votre monde tourne autour du don, et non du gain, et vous apportez votre pierre à une civilisation positive.

Chaque acte compte. Chaque pensée et chaque émotion comptent aussi. La voie, ce n'est rien de plus.

PEMA CHÖDRÖN

Lorsque je me suis entretenu avec Eckhart Tolle, je lui ai demandé comment un éveil du cœur pouvait causer une transformation qui dépasse l'expérience individuelle. Voici quelle a été sa réponse : « Celui qui est en contact avec son cœur est en relation avec sa véritable nature.

Et celui qui est en relation avec sa véritable nature est en relation avec la véritable nature de tous les êtres vivants. La conscience de vivre dans l'unité grâce au pouvoir du cœur créera une réalité nouvelle. Rien ne nous délivrera sinon nous-mêmes. »

Lorsqu'en effet nous nous recréons nous-mêmes à l'image des valeurs de notre âme, notre changement intérieur crée un changement à l'extérieur, et notre paix intérieure crée la paix à l'extérieur.

Il y eut un long silence, durant lequel je méditai ses paroles. Pour ma part, la boucle était bouclée. Eckhart Tolle était le dernier enseignant que j'avais le privilège d'interviewer pour mon film, ainsi que pour ce livre. Lors de cette rencontre j'ai réalisé, plus que jamais, que ce sont avant tout le plaisir et la joie qui constituent l'essence du pouvoir du cœur, et que seul celui-ci peut renouveler notre monde.

Je ne suis qu'une seule personne, néanmoins je suis une personne. Je ne peux pas tout faire, néanmoins je peux faire quelque chose […] [j]e ne renoncerai pas à faire ce que je peux.

HELEN KELLER

Cette prophétie, qui se retrouve aussi bien dans l'Ancien que dans le Nouveau Testament, parle […] de l'émergence d'un « nouveau paradis et d'une nouvelle terre ». Il faut comprendre ici que le paradis n'est pas un lieu à proprement parler, mais le royaume intérieur de la conscience […] Quant à la Terre, elle est la manifestation extérieure de ce paradis intérieur. La conscience humaine collective et la vie sur notre planète sont intrinsèquement liées. Le « nouveau paradis », c'est l'avènement d'un état de conscience humaine transformée, la « nouvelle Terre » en étant le reflet dans le monde physique.

ECKHART TOLLE, *NOUVELLE TERRE – L'AVÈNEMENT DE LA CONSCIENCE HUMAINE*

PAULO COELHO

Il y a une centaine d'années, un philosophe français du nom de Teilhard de Chardin, un jésuite, avait des idées trop étranges pour l'Église. Il fut donc envoyé en Chine. Il développa une théorie très intéressante selon laquelle la planète est enveloppée d'une énergie d'amour. Selon lui, le jour où nous serons capables de contrôler cette force d'amour, ou de l'utiliser comme nous utilisons l'énergie du vent, de l'eau ou du soleil, nous changerons le monde.

À la fin, les nations seront jugées selon la taille de leur cœur, et non celle de leur armée.

ANTHONY DOUGLAS WILLIAMS

ISABEL ALLENDE

Le problème de notre civilisation, disait Martin Luther King, c'est qu'elle a oublié le cœur. Nous avons séparé le pouvoir de l'amour, et nous vivons dans une culture où règnent l'avidité, la recherche du pouvoir, la violence, le souci de posséder et de consommer, quand notre planète a des ressources limitées. Cette manière de penser et de vivre n'est pas viable.

Une prise de conscience collective est en cours : nous réalisons que l'avenir réside dans nos cœurs, et qu'il sera meilleur, tant individuellement que collectivement, si nous parvenons à rétablir notre connexion à notre cœur.

JOE DISPENZA

Le mental et la matière sont liés. L'un des plus grands défis auxquels nous soyons confrontés en tant qu'êtres humains est celui de créer un pont entre le monde objectif, ce qui se produit en dehors de nous, et le monde subjectif, ce qui se produit en nous. La physique quantique nous apprend que notre environnement est une extension de notre mental. Par conséquent si nous modifions réellement notre mental, notre vie en apporte nécessairement la preuve. Afin de créer une nouvelle réalité ou une nouvelle destinée, nous devons donc avoir une vision claire de l'avenir que nous voulons – c'est-à-dire une intention. À mesure que nous trouvons des personnes qui ont les mêmes opinions que nous, qui vivent guidées par le cœur, et que nous partageons cette même énergie, nous nous lions dans un champ d'intelligence, un champ quantique qui transcende l'espace et le temps.

De même que les ions sont unis par une attraction électromagnétique, les personnes qui créent une conscience du cœur se lient les unes aux autres. Une force invisible crée des liaisons entre les ions et les maintient unis. Une conscience du cœur nous unira et nous permettra désormais, et à l'avenir, de vivre dans un monde entièrement différent.

JOE DISPENZA

Dès que nous atteignons ce niveau de cohérence cardiaque, que nous soyons en méditation ou dans la nature, ou en train d'exercer un pouvoir authentique, nous éprouvons une joie et un amour profonds qui viennent de l'intérieur de nous. Lorsque nous atteignons cet état et que nous nous sentons aussi épanouis, nous accédons au royaume où nous pouvons tout obtenir, or nous n'en avons plus besoin. C'est alors que des miracles commencent à se produire dans notre vie, et que l'agencement de l'univers se manifeste de manière nouvelle et inhabituelle.

Chacun d'entre nous doit aider à créer ce changement, cette nouvelle Terre, ce nouvel univers.

DEEPAK CHOPRA

Quand on considère les grands problèmes auxquels l'humanité est aujourd'hui confrontée – qu'il s'agisse de l'injustice sociale, de l'extrême pauvreté, des disparités économiques, de la guerre, du terrorisme ou du chaos climatique –, on constate qu'ils résultent de ce que nous avons perdu notre connexion à notre âme et à notre cœur.

JANE GOODALL

Si nous ne parvenons pas à établir un équilibre entre l'intelligence de notre cerveau, et l'amour et la compassion – qui devraient nous rendre vraiment humains –, alors l'avenir est bien sombre.

Ces préoccupations sont largement partagées dans l'ensemble de la société, mais nous atteignons un tournant et pouvons à présent affirmer notre intention de créer une société du cœur.

JOE DISPENZA

Vous devez vous éprendre de cette possibilité future au point de ressentir ce que l'on ressent en vivant vraiment dans cette réalité. Lorsque nous éprouvons cet état de gratitude ou de joie sincères, le corps et le mental croient qu'ils sont déjà dans cette réalité future.

MARIANNE WILLIAMSON

La seule option durable et viable pour la race humaine est, en définitive, de vivre désormais guidée par le cœur, de vivre en accordant une plus grande place à une perspective centrée sur l'amour.

GARY ZUKAV

Une transformation formidable et sans précédent est en cours. Une transformation qui, au cours des prochaines générations, touchera chaque personne sur cette Terre. Il s'agit de l'éveil d'une nouvelle conscience humaine. De l'expansion de notre perception au-delà des possibilités de nos cinq sens, de sorte qu'elle saisira un sens, une finalité, une compassion et une sagesse qui ont une existence réelle, mais pas de réalité physique.

De plus en plus de personnes s'aperçoivent que le cœur est, de fait, une porte qui permet d'accéder à une dimension supérieure, et que nous sommes connectés par ce nouveau nouveau degré de conscience du cœur et recevons grâce à lui de magnifiques opportunités.

PAULO COELHO

Votre cœur ouvre une large fenêtre d'opportunités.

MICHAEL BECKWITH

Si vous accédez à votre cœur, vous accéderez à ce paradigme naissant. C'est sur votre expérience particulière que vous concentrerez votre attention. Nous nous trouvons à une période tout à fait cruciale.

Dans le monde entier, cette nouvelle vision de l'humanité consiste en un mode de vie plus naturel, plus authentique, qui privilégie des relations amoureuses, amicales et familiales durables et riches de sens. Qui nous permette d'exprimer pleinement notre potentiel et d'être satisfait de notre vie personnelle et professionnelle, tout en apportant une plus grande contribution au monde qui nous entoure.

ISABEL ALLENDE

Le moment est venu de franchir une nouvelle étape dans l'évolution. Le fait que ce soit en cours me donne beaucoup d'espoir et d'optimisme.

Partout dans le monde, des individus et des organisations prennent conscience de ce que la qualité de notre propre vie et de celle de notre entourage s'améliorent dès que nous commençons à vivre guidés par notre cœur.

ECKHART TOLLE

Cela ne signifie pas que ce soit déjà le cas de la majorité des humains de cette planète, mais de plus d'humains que jamais auparavant.

JANE GOODALL

L'évolution physique est un processus graduel. L'évolution culturelle est bien plus rapide. Vient ensuite l'évolution morale, quand nous commençons à considérer ce qu'est une bonne ou une mauvaise conduite. Puis nous parvenons à l'évolution spirituelle, qui nous permet de véritablement faire l'expérience de ce dont, selon moi, les humains sont capables, à savoir : s'intégrer au grand pouvoir spirituel que je sens tout autour de nous, à la nature, à l'infinité, à l'univers.

MARIANNE WILLIAMSON

Beaucoup d'entre nous voient cette évolution se manifester de toutes sortes de manières dans leur vie personnelle. L'étape suivante consiste à appliquer les mêmes principes qui ont transformé nos vies personnelles pour transformer le monde.

Cette tendance peut être observée dans notre vie personnelle, ainsi que dans des contextes sociaux, économiques et politiques. De plus en plus, les entreprises associent à la recherche du profit le respect des individus, de la société et de la beauté de notre planète – que ce soit ou non sous la pression d'organisations militantes. Les stratégies anciennes visant à maximiser les gains financiers sont devenues inefficaces.

MARIANNE WILLIAMSON

Passer de la crainte à l'amour, c'est le grand bond dans notre évolution – celle de notre vie intérieure comme celle de notre espèce.

Cela dit, choisir de vivre guidé par le cœur est une décision personnelle. Vous seul pouvez choisir d'agir avec le cœur.

GARY ZUKAV

Vivre centré sur le cœur est une affaire de choix, et de choix responsable. C'est une décision que vous seul pouvez prendre pour vous-même. Nul ne peut la prendre à votre place.

Néanmoins votre décision importe.

JANE GOODALL

Voici le message le plus important que j'aie à faire passer. Chaque jour, nous causons un changement, et chaque jour, nous avons un impact sur le monde qui nous entoure. Il nous appartient de choisir quel type d'impact nous voulons avoir. Si tout le monde passait tout simplement un peu de temps à réfléchir aux conséquences de ses choix, la vie des gens commencerait sans doute à prendre plus de sens.

> ***Nous ne devons pas, en nous efforçant de réfléchir aux moyens de causer un grand changement, oublier les petits changements quotidiens que nous pouvons causer et qui, sur la durée, s'additionnent, provoquant ainsi de grands changements que nous sommes souvent incapables de prévoir.***
>
> MARIAN WRIGHT EDELMAN

En obéissant à l'intelligence de votre cœur, vous accordez votre personnalité avec votre âme, et créez ainsi un pouvoir authentique.

DEEPAK CHOPRA

Corriger ces problèmes suppose un changement radical de notre conscience. Et ce changement radical s'opère quand nous nous mettons à vivre dans notre cœur au lieu de notre tête.

MICHAEL BECKWITH

Ce sera le prochain grand bond dans l'évolution de l'humanité : l'homme de demain sera un être aimant dont les pensées n'émaneront pas de son moi inférieur, mais de la perspective plus large de son cœur. Un être qui entrera en relation avec les autres avec son centre, et non de façon superficielle, avec sa seule personnalité. C'est là une manière très différente de se mouvoir dans le monde. Lorsque nous nous mettons à vivre ainsi, alors le royaume de la prospérité éternelle – c'est-à-dire le paradis – commence à être révélé sur notre planète.

ROLLIN McCRATY

Des études montrent que l'incapacité à suivre l'intelligence du cœur aboutit à la séparation, qui est le problème sous-jacent dans nos familles, nos communautés, et dans le monde en général.

Rollin McCraty ***(ci-contre)***

En découvrant les nombreux pouvoirs du cœur, vous commencez à vivre à un autre niveau de conscience. Vous suivez votre cœur. Vous vous mettez à l'écoute de la voix de votre âme. Vous prenez la direction de votre mission, et trouvez le courage de faire ce pour quoi vous êtes né.

GARY ZUKAV

À quoi cela ressemblerait-il? Ce serait un monde de l'humain universel. L'humain universel ne se définit ni par la culture, ni par la nation, ni par la religion auxquelles il appartient, ni par son sexe ou son statut économique. Il est au-delà de tout cela, car sa première allégeance est à la Vie avec un grand V, et elle prévaut sur toutes les autres.

ECKHART TOLLE

C'est seulement grâce à une conscience éveillée que les humains peuvent exprimer ces qualités essentielles – les qualités qui sont essentielles à la vie d'un être humain ainsi qu'à la civilisation – que sont la compassion, la bienveillance, la joie et la créativité. Celles-ci peuvent seulement découler de cet état de connexion. C'est alors un monde nouveau qui émerge. Le nouveau monde qui émerge dépend de cet état de conscience, il en est la manifestation. Car quel que soit le monde que nous créions, le monde dont nous faisons l'expérience est en réalité un reflet de notre état de conscience.

MARIANNE WILLIAMSON

Lorsque nous arrivons au point où nous avons fait l'expérience de cette transformation intérieure, où vivre guidé par l'amour, et non dominé par la peur, a transformé notre propre vie, nous devenons des messagers. Nous devenons des instruments jouissant de l'autorité morale qui nous permet de faire part au monde de cette possibilité. Nous pouvons en faire part, non pour la simple raison qu'elle est théorique, mais parce que nous avons nous-mêmes vécu cette transformation.

Grâce à l'étonnant pouvoir du cœur, un monde entièrement nouveau s'ouvre à vous, dans lequel toutes les coïncidences sont signifiantes. Vous transformez la peur en amour, vous vous adaptez aux échecs et les accueillez en voyant en eux des chances d'évoluer spirituellement. Vous pardonnez à ceux qui vous ont blessé, vous libérant ainsi du ressentiment. Tout cela car votre cœur jouit d'une perspective globale.

MAYA ANGELOU

Le cœur sera impliqué dans tout ce que nous sommes censés devenir. Nous ne pouvons voir comment sera le ciel demain, or notre cœur, lui, le voit. Nous serons guidés dans nos actions dans le ciel de demain. Il est plus que probable que nous sachions déjà comment nous devrons agir – mais si tel n'est pas le cas, notre cœur nous le dira, pour peu que nous l'écoutions.

En vivant guidé par votre cœur, vous serez témoin des effets de la bonté aimante sur les autres. Le pouvoir du cœur est sans limite, au sens littéral et métaphorique.

La courtoisie et la gentillesse sont des impératifs moraux.

JANE AUSTEN

ECKHART TOLLE

Quand vous vivez guidé par le cœur et qu'un nombre croissant d'êtres humains commencent à faire de même, cela a un effet en chaîne. Cela se répercute depuis là où vous êtes, puis cela vous revient. Puis cela se propage et contamine les autres. Votre état de conscience ne peut pas ne pas affecter les autres. Si vous vivez guidé par le cœur, c'est ce que les autres vous renvoient. C'est presque un miracle que ce que vous apportez à vos interactions avec les autres êtres humains détermine dans une large mesure ce que vous recevez d'eux.

MAYA ANGELOU

Le cœur est important dans tout ce que nous faisons. Si nous devons évoluer en tant qu'espèce, nous ne pouvons faire l'économie du cœur. Si nous devons devenir de meilleurs citoyens, le cœur sera nécessairement impliqué dans cette évolution.

MICHAEL BECKWITH

C'est ce que nous deviendrons : des êtres centrés sur le cœur.

GARY ZUKAV

Ma vision est celle d'un monde de citoyens de l'univers. L'humain universel nous appelle, il lance un appel. Il vous lance un appel.

La voie est grand ouverte. En cheminant sur cette voie, vous deviendrez une personne de cœur. Les intentions de votre âme contribueront à l'émergence d'une nouvelle Terre.

Chaque jour, vous causez un changement. Il ne tient qu'à vous de faire vôtre la formule du Mahatma Gandhi : « Ma vie est mon message. »

LES CO-CRÉATEURS : BIOGRAPHIES

ISABEL ALLENDE

En 1982, la romancière chilienne Isabel Allende s'est fait connaître dans le monde entier en publiant son premier best-seller, *La Maison aux esprits*. Ce roman établit sa réputation d'écrivain et fit d'elle une figure féministe incontournable de la scène littéraire latino-américaine. Ses livres ont été traduits en plus de 30 langues et se sont vendus à plus de 57 millions d'exemplaires dans le monde. Ses œuvres sont à la fois divertissantes et informatives, car elles lient des récits intrigants à des événements historiques majeurs. Outre l'écriture, Isabel Allende consacre une grande partie de son temps à la défense des droits de l'homme. Après la mort de sa fille Paula en 1992, elle a fondé une fondation – l'Isabel Allende Foundation – en son honneur, qui œuvre à la protection des femmes et des enfants dans le monde entier. Vous pouvez trouver de plus amples d'information concernant Isabel Allende sur son site Internet : www.isabelallende.com.

DR MAYA ANGELOU (1928-2014)

Le Dr Maya Angelou était l'une des voix les plus célèbres et les plus influentes de notre temps. Son œuvre de poète, de romancière, d'auteur de mémoires, de dramaturge, d'historienne et de réalisatrice, ainsi que son travail de professeur, de productrice et d'actrice ont été largement plébiscités. Sa production littéraire compte plus de trente best-sellers, parmi lesquels des œuvres de fiction et non fictionnelles. De nationalité américaine, elle a siégé dans deux comités présidentiels, s'est vu décerner la médaille présidentielle des Arts en 2000, la médaille Lincoln en 2008, ainsi que trois Grammy Awards, et a reçu plus de trente doctorats à titre honorifique. Le président Obama lui a remis la médaille présidentielle de la Liberté, la plus prestigieuse décoration civile qui existe aux États-Unis. Vers la fin de sa vie, Angelou a enseigné en tant que professeur de littérature et civilisation américaine à l'université de Wake Forest, à Winston-Salem, en Caroline du Nord. Ses mots et ses actions passées touchent notre âme, libèrent notre esprit et guérissent nos cœurs. Pour obtenir plus d'informations, veuillez visiter le site internet de Maya Angelou www.mayaangelou.com.

DR MICHAEL BERNARD BECKWITH

Le Dr Michael Beckwith est un enseignant spirituel et un auteur à succès de nationalité américaine. Chaque semaine, des milliers de personnes se rassemblent pour l'entendre parler au centre spirituel international Agape, à Culver City, en Californie – une communauté spirituelle qui appartient au mouvement de la Nouvelle Pensée. Il a été invité à de nombreuses reprises à participer au *Larry King Live*, émission télévisée de la chaîne américaine CNN, et à l'*Oprah Winfrey Show*. Il siège, avec d'autres leaders spirituels et militants pour la paix, dont Arun Gandhi, petit-fils de Mohandas K. Gandhi, dans diverses organisations internationales. Il est l'un des cofondateurs de l'Association for Global New Thought, une organisation qui a pour but de transformer la planète. Parmi les nombreux ouvrages qu'il a publiés, on peut citer *Inspirations of the Heart*, *A Manifesto of Peace* et *Spiritual Liberation*, qui a reçu le Nautilus Book Award. Michael Beckwith a également été salué pour son rôle de médiateur en faveur de la paix ainsi que pour son engagement humanitaire, qui lui a valu de nombreuses récompenses, notamment l'Africa Peace Award et le Thomas Kilgore Prophetic Witness Award. Pour de plus amples informations, rendez vous sur www.agapelive.com.

DR DEEPAK CHOPRA

Deepak Chopra est un médecin, auteur et conférencier américain de renommée internationale qui a plus de soixante-cinq livres à son actif, dont vingt-deux ont figuré parmi les best-sellers du *New York Times*. Ses livres, qui ont été traduits en plus de trente langues, se sont vendus à plus de 20 millions d'exemplaires dans le monde. Il est l'une des figures les plus connues et les plus respectées de la médecine psychocorporelle et a transformé notre perspective sur le bien-être physique, mental, émotionnel, spirituel et social. Deepak Chopra a enseigné dans les facultés de médecine des universités de Boston et d'Harvard, et a exercé la fonction de médecin-chef du New England Memorial Hospital. *Time Magazine* l'a classé parmi les 100 personnalités les plus influentes du XXe siècle. En

2010, il a été récompensé par deux prix, le Humanitarian Starlite Award et le prestigieux Goi Peace Award. Il s'est vu décerner en 2002 le Einstein Award par le collège de médecine Albert Einstein et l'*American Journal of Psychotherapy*. Pour de plus amples informations, veuillez vous rendre sur son site internet : www.chopra.com.

PAULO COELHO

Paulo Coelho est un romancier brésilien et l'un des écrivains les plus lus au monde, ainsi que le lauréat de nombreuses distinctions internationales prestigieuses, notamment le Crystal Award du Forum économique mondial et la Légion d'honneur. En 2007, il fut nommé Messager de la paix des Nations unies. En 1986, il entreprit le pèlerinage de Saint-Jacques-de-Compostelle, qui marqua un tournant dans sa vie. Il connut en effet sur ce chemin un éveil spirituel, qu'il relata dans son premier livre, *Le Pèlerin de Compostelle*. L'année suivante, il écrivit *L'Alchimiste*, qui se vendit à plus de 65 millions d'exemplaires dans le monde, ce qui en fait l'un des plus grands succès d'édition de l'histoire. Ce roman a été traduit en soixante et onze langues. Les œuvres de Paulo Coelho se sont vendues à 150 millions d'exemplaires au total, dans plus de cent cinquante pays. En 1996, il a fondé le Paulo Coelho Institute, qui vient en aide aux enfants et aux parents en difficulté financière.
Pour de plus amples informations, rendez vous sur : www.paulocoelho.com.

DR JOE DISPENZA

Le Dr Joe Dispenza est un neuroscientifique, chiropracteur, professeur et auteur renommé de nationalité américaine. Il a étudié les sciences biochimiques à la Rutgers University de Newark, dans le New Jersey, et a obtenu avec les félicitations du jury son diplôme de docteur en chiropraxie de la Life University d'Atlanta, en Géorgie. Il est une autorité dans le domaine de la neurologie et des neurosciences, de la fonction cérébrale et de la formation du souvenir. Il a publié de nombreux articles scientifiques portant sur la relation entre le cerveau et le corps, qui établissent des liens entre la pensée, la conscience, le cerveau et le pouvoir de la raison. Il a démontré que la modification du mental entraîne des modifications du cerveau, et qu'il est possible de reprogrammer le cerveau en se défaisant de certaines habitudes. Joe Dispenza est membre honoraire du National Board of Chiropractic Examiners et a reçu un certificat d'excellence en compétences cliniques. L'adresse du site internet de Joe Dispenza est : www.drjoedispenza.com.

LINDA FRANCIS

Linda Francis est une auteur et enseignante spirituelle de nationalité américaine. Chiropractrice diplômée, elle a également exercé la profession d'infirmière pendant trente ans. Avec son partenaire spirituel, Gary Zukav, qui compte également parmi les co-créateurs de *L'infinie puissance du cœur*, elle a coécrit deux ouvrages qui ont figuré sur la liste des best-sellers du *New York Times : The Heart of the Soul: Emotional Awareness* ainsi que The *Mind of the Soul: Responsible Choice.* Elle est également le coauteur de *Thoughts from the Heart of the Soul* et *Self-Empowerment Journal: A Companion to the Mind of the Soul.* Ensemble, Linda Francis et Gary Zukav ont fondé le Seat of the Soul Institute (« institut du siège de l'âme », N.d.T.), une organisation proposant des programmes et séminaires qui enseignent comment créer un pouvoir authentique. Vous trouverez de plus amples informations concernant Linda Francis sur le site du Seat of the Soul Institute : http://seatofthesoul.com.

DR JANE GOODALL, DBE

Le Dr Jane Goodall est une primatologue, anthropologue et auteur britannique de renommée internationale. Messagère de la paix des Nations unies, elle a fondé le Jane Goodall Institute, une organisation qui lui a permis d'œuvrer efficacement à la sauvegarde et à la protection de la faune. À l'âge de 26 ans, elle quitta l'Angleterre pour aller vivre en Tanzanie, où elle entra dans le monde alors peu connu des chimpanzés sauvages. Considérée comme la plus grande spécialiste mondiale des chimpanzés, elle est connue principalement pour avoir étudié durant quarante-cinq ans le comportement social des chimpanzés. Jane Goodall a reçu une multitude de prix et de distinctions pour son rôle humanitaire ainsi que pour son engagement en faveur de la préservation de la faune, parmi lesquels la Gold Medal for Conservation (« médaille d'or de la préservation de la faune », N.d.T.) de la société zoologique de San Diego et le Centennial Award (« prix du centenaire », N.d.T.) de la National Geographic Society. En 2000, elle s'est vu décerner le prix Gandhi/King pour la Non-Violence, qui était attribué pour la troisième fois. En 2002, Kofi Annan, secrétaire général de l'ONU, la nomma Messagère de la paix, et elle reçut en 2004 le titre de Dame Commandeur de l'Ordre de l'Empire britannique. Jane Goodall continue à voyager 300 jours par an et enseigne dans le monde entier. Pour de plus amples informations, veuillez visiter www.janegoodall.org.

DR JOHN GRAY

John Gray est un auteur américain et sans nul doute l'expert en relations de couple le plus connu au monde. Son livre novateur *Les hommes viennent de Mars, les femmes viennent de Vénus* a été le succès d'édition des années 1990. Il aide les hommes et les femmes à comprendre, respecter et apprécier leurs différences à la fois dans le cadre de leur vie personnelle et professionnelle. Ses livres se sont vendus à plus de 50 millions d'exemplaires, en 50 langues différentes. Sa série de livres *Mars et Vénus* a révolutionné la manière dont hommes et femmes considèrent le rôle de l'autre dans une relation. Il enseigne aux individus et aux communautés des manières simples d'améliorer leurs relations et leurs méthodes de communication. Il montre également comment les différences entre hommes et femmes peuvent servir à développer une relation saine, pleine d'amour et de passion. John Gray a participé à de nombreuses émissions télévisées aux États-Unis, notamment The *Oprah Winfrey Show*, *Dr. Oz*, *The Today Show*, le *CBS Morning Show*, *Good Morning America*, *The Early Show* et *The View*. Il a également bénéficié d'une couverture considérable dans la presse, y compris dans des magazines de référence tels que *Time*, *Forbes*, *USA Today*, *TV Guide* et *People*. Vous pouvez visiter le site internet de John Gray : www.marsvenus.com.

DR ROLLIN McCRATY

Rollin McCraty est le vice-président et le directeur de l'équipe de recherche de l'Institute of HeartMath, situé à Boulder Creek en Californie, qui poursuit des recherches sur l'intelligence du cœur depuis 1991. Il est une autorité internationale en matière de cohérence cardiaque et des effets des émotions positives et négatives sur la psychophysiologie humaine. En sa qualité de directeur scientifique, il a réalisé de très nombreuses études concernant les effets des émotions sur le système immunitaire et sur l'interaction entre le cœur et le cerveau. Avec son équipe de recherche, il a été impliqué dans diverses études menées conjointement avec d'autres institutions universitaires et médicales, dont l'université de Stanford et le Miami Heart Research Institute (« institut de recherche sur le cœur de Miami », N.d.T.). Rollin McCraty a de nombreuses publications scientifiques à son actif, dont plusieurs ont paru dans des revues scientifiques de premier plan, notamment l'*American Journal of Cardiology*, *Stress Medicine* et *Biological Psychology*. Pour de plus amples informations sur Rollin McCraty et l'Institute of HeartMath, visitez le site de l'institut : www.heartmath.org.

HOWARD MARTIN

Howard Martin est le vice-président de l'Institute of HeartMath, situé à Boulder Creek, en Californie, qui poursuit des recherches sur l'intelligence du cœur depuis 1991. Il a joué un rôle crucial dans diverses études scientifiques concernant l'influence positive du cœur sur la santé humaine, le bien-être émotionnel et l'intelligence. Il est à l'origine d'un programme scientifique remarquable visant à améliorer la réussite individuelle et collective ainsi que la santé et le bien-être grâce au cœur. Howard Martin participe à des conférences internationales, dans lesquelles ses interventions sont très prisées, et anime des séminaires pour des professionnels et des particuliers dans le monde entier, ainsi que pour l'armée américaine. Il a donné un grand nombre d'interviews sur le thème de l'intelligence du cœur, notamment à des chaînes télévisées telles que CNN, Discovery Channel et ABC – dans l'émission *Good Morning America* –, et à des journaux comme le *Boston Globe*. Pour de plus amples informations concernant Howard Martin et l'Institute of HeartMath, rendez vous sur www.heartmath.org.

RUEDIGER SCHACHE

Ruediger Schache est un auteur et enseignant spirituel allemand. Après avoir suivi des études d'économie et de psychologie à l'université de Munich, il quitta son poste de directeur publicitaire d'une société allemande réputée pour entamer une quête spirituelle approfondie, à l'âge de 38 ans. Il vécut plusieurs années aux États-Unis et effectua de nombreux voyages dans plusieurs continents, qui furent l'occasion pour lui de redécouvrir d'anciens savoirs traditionnels relatifs à la conscience et à la personnalité. Les livres de Ruediger Schache ont été publiés en vingt-six langues et se sont vendus à plus de 2 millions d'exemplaires dans le monde. Son titre *Das Geheimnis des Herzmagneten* a figuré durant quatre-vingt-quatre semaines sur la prestigieuse liste de best-sellers du *Spiegel*, le plus grand et le plus influent hebdomadaire allemand. En parallèle de ses activités de conférencier et d'auteur, il dirige avec sa femme l'Institut für Bewusstseinforschung (« institut de recherche sur la conscience », N.d.T.) à Munich, en Allemagne.

Pour de plus amples informations concernant Ruediger Schache, visitez son site internet : www.ruedigerschache.com.

MARCI SHIMOFF MBA

Marci Shimoff est l'une des plus grandes expertes américaines en matière de bonheur, de succès et d'amour inconditionnel. Elle est l'auteur des best-sellers *Happy for No Reason et Love for No Reason,* dans lesquels elle dévoile le grand secret d'un amour et d'un bonheur durables. Elle a également co-écrit plusieurs livres de la collection *Chicken Soup for the Soul*, aujourd'hui célèbre dans le monde entier. Ses livres ont été traduits en trente et une langues et ont figuré sur de nombreuses listes des meilleures ventes de livres, y compris celles du *New York Times*, d'Amazon et du *Wall Street Journal*. Elle a vendu au total 14 millions de livres dans le monde. Marci Shimoff donne des conférences et anime des séminaires à la fois aux États-Unis et à l'étranger, et a touché le cœur de millions de personnes à travers la planète en traitant de sujets tels que l'estime de soi et la confiance en soi. Elle possède un MBA de l'université de Californie à Los Angeles (UCLA) et préside l'Esteem Group, qu'elle a co-fondé dans le but d'aider les femmes à s'épanouir dans leur vie. Vous pouvez visiter son site internet : www.happyfornoreason.com.

DR DEAN SHROCK

Dean Shrock est un psychologue américain et l'auteur des best-sellers *Doctor's Orders: Go Fishing* et *Why Love Heals*. Après avoir réalisé plusieurs études scientifiques portant sur l'impact positif de la joie sur la qualité de la vie et la longévité des patients atteints de cancer, il est arrivé à la conclusion stupéfiante que le sentiment d'être aimé et choyé a une influence positive sur la longévité de ces patients, et que l'amour peut même favoriser la guérison. Dean Shrock a étudié à l'université d'État de Cleveland, dans l'Ohio, et a obtenu son doctorat de psychologie appliquée à l'université d'Akron, dans l'Ohio. Il a développé pour la clinique de Cleveland un projet de recherche visant à étudier l'efficacité de l'imagerie mentale dirigée sur les patients atteints de cancer, avant d'entamer des recherches portant sur la psychologie de ce type de patients au Simonton Cancer Center de Malibu, en Californie. Pour de plus amples informations, rendez vous sur : www.deanshrock.com.

ECKHART TOLLE

Eckhart Tolle est un auteur et enseignant spirituel dont les enseignements à la fois profonds et accessibles ont aidé d'innombrables personnes à travers le monde à trouver la paix intérieure ainsi qu'une plus grande satisfaction dans leur vie. Né en Allemagne, il a étudié à l'université de Londres, puis à l'université de Cambridge. Il est l'auteur de *The Power of Now*, qui a figuré sur la liste des best-sellers du *New York Times* et a été publié en trente-trois langues, ainsi que *A New Earth: Awakening to Your Life's Purpose*, qui lui fait suite. Ces deux titres sont considérés comme deux des ouvrages spirituels les plus influents de notre époque. Son enseignement repose sur la transformation de la conscience – un éveil spirituel qui constitue à ses yeux le prochain stade de l'évolution humaine. Eckhart Tolle est un conférencier très recherché, qui enseigne et voyage dans le monde entier. Nombre de ses conférences et séminaires sont disponibles sur CD et DVD. Via le site EckhartTolleTV.com, il offre chaque mois des enseignements, dirige des méditations en direct et répond aux questions des internautes. Pour de plus amples informations, rendez vous sur : www.eckharttolle.com.

NEALE DONALD WALSCH

Neale Donald Walsch est un enseignant spirituel américain qui a touché par ses mots des lecteurs du monde entier. Les livres de sa série intitulée *Conversations with God* ont été traduits en trente-sept langues et ont changé la vie de millions de personnes. Ils sont aujourd'hui disponibles partout dans le monde et ont figuré dans la liste des meilleures ventes de livres du *New York Times.* Outre cette série, il a publié seize ouvrages. Son travail l'a mené des marches de Machu Picchu, au Pérou, à celles des sanctuaires shinto du Japon, de la place Rouge de Moscou, à la place Saint-Pierre du Vatican, et jusqu'à la place Tiananmen en Chine. Partout où il s'est rendu, il a senti chez ceux qu'il a rencontrés le désir de vivre autrement, dans la paix et l'harmonie. Il a enseigné avec succès une nouvelle compréhension de la vie et de Dieu. Pour de plus amples informations concernant Neale Donald Walsch, vous pouvez visiter son site : www.nealedonaldwalsch.com.

MARIANNE WILLIAMSON

Marianne Williamson est une auteur et enseignante spirituelle américaine très appréciée, fréquemment invitée sur les plateaux d'émissions telles que *The Oprah Winfrey Show*, *Larry King Live*, *Good Morning America*, et *Charlie Rose*. Parmi les dix livres qu'elle a publiés, quatre ont figuré dans la liste des best-sellers du *New York Times,* notamment *A Return to Love*, un ouvrage considéré comme faisant autorité au sein de la nouvelle spiritualité. La pensée de Marianne Williamson est fondée sur l'idée centrale du courant de la Nouvelle Pensée selon laquelle l'amour et le pardon sont les clés des relations humaines. Un sondage d'opinion publié par *Newsweek* en 2006 la classait parmi les cinquante baby-boomers les plus influents. Marianne Williamson a publié d'autres ouvrages connus, parmi lesquels *The Age of Miracles*, *Enchanted Love*, *Illuminata*, *A Course in Weight Loss*, *The Gift of Change* et *The Law of Divine Compensation*. Pour de plus amples informations, rendez vous sur son site internet : www.marianne.com.

GARY ZUKAV

Gary Zukav est un enseignant spirituel américain et l'éloquent auteur de quatre best-sellers consécutifs du *New York Times*. Il est diplômé de l'université de Harvard et a servi comme officier dans les forces spéciales américaines durant la guerre du Vietnam avant d'écrire son premier livre, *The Dancing Wu Li Masters*, qui reçut l'American Book Award for Science (prix américain récompensant les ouvrages scientifiques, N.d.T.). Son deuxième livre, *The Seat of the Soul: Emotional Awareness*, qui enseigne comment accorder la personnalité avec l'âme, a trouvé un écho auprès de millions de lecteurs. Il a figuré trente et une fois sur la liste des best-sellers du *New York Times*, soit pendant trois ans au total. Ses livres se sont vendus à 6 millions d'exemplaires et ont été traduits en trente-deux langues. Sa sagacité, sa présence attentive et son enthousiasme contagieux ont rendu Gary Zukav populaire auprès de millions de spectateurs. Il a été à trente-six reprises l'invité d'Oprah Winfrey dans son émission *The Oprah Winfrey Show*. En 1993, il a rencontré Linda Francis, sa partenaire spirituelle, qui compte également parmi les co-créateurs de *L'Infinie Puissance du cœur*. Ensemble, ils ont fondé le Seat of the Soul Institute (« institut du siège de l'âme », N.d.T.), une organisation visant à enseigner comment créer une vie riche de sens, de créativité, de santé, de joie, d'amour et qui a une raison d'être. Vous trouverez de plus amples informations concernant Gary Zukav ainsi que le Seat of the Soul Institute sur le site : www.seatofthesoul.com.

AU SUJET DES AUTEURS

BAPTIST DE PAPE

Baptist de Pape, né en 1977 à Brasschaat, en Belgique, est un explorateur spirituel, un auteur et un réalisateur. Après avoir terminé ses études de droit à l'université de Tilburg aux Pays-Bas, et malgré le poste lucratif qui lui était proposé, il connut un éveil spirituel qui lui fit abandonner le monde purement pratique du droit.

Baptist de Pape explore le domaine du cœur et ce que signifie « vivre guidé par le cœur » – et non simplement dans sa tête. Ce changement de perspective a entraîné directement de surprenants événements synchronistiques.

De cet éveil spirituel est né le concept d'un film dans lequel il conduirait des interviews de grands scientifiques, auteurs et enseignants spirituels contemporains. Baptist de Pape a ensuite réalisé ce tournage, et s'est lié d'amitié avec plusieurs des personnalités qui lui ont accordé ces entretiens. Il a reçu l'aide généreuse de Gary Zukav, Eckhart Tolle, Maya Angelou et Isabel Allende, entre autres. Pour plus d'informations, voir le site : www.thepoweroftheheart.com.

www.thepoweroftheheart.com
The Power of the Heart
#TPOTH

SIMON GREINER

Simon Greiner est un graphiste et illustrateur originaire de Sydney qui vit dans le quartier de Brooklyn, à New York. Ses illustrations ont été publiées sur le blog américain *Grantland,* spécialisé dans le sport et la pop culture, ainsi qu'à la une du *New Yorker.* Simon Greiner a en outre illustré plusieurs ouvrages et en a écrit un.

REMERCIEMENTS

Du fond du cœur, je souhaite citer et exprimer ma gratitude aux dix-huit co-créateurs de *L'Infinie Puissance du cœur*: Isabel Allende, Maya Angelou, Michael Beckwith, Deepak Chopra, Paulo Coelho, Joe Dispenza, Linda Francis, Jane Goodall, John Gray, Rollin McCraty, Howard Martin, Ruediger Schache, Marci Shimoff, Dean Shrock, Eckhart Tolle, Neale Donald Walsch, Marianne Williamson et Gary Zukav. Grâce à leur sagacité et à leurs histoires inspirantes, ils ont apporté leurs contributions singulières à ma propre vision et à mon chemin.

L'Infinie Puissance du cœur est un projet que j'ai mené à bien avec l'aide de deux amis précieux: Arnoud Fioole et Mattijs van Moorsel. Je tiens à les remercier tous deux de m'avoir accompagné dans cette merveilleuse aventure. Sans eux, ce projet n'aurait jamais vu le jour. Je remercie tout spécialement Arnoud d'avoir participé à l'écriture de ce livre.

Je suis aussi reconnaissant à mes chers amis Steven Goldhar, Allan Hunter, Evelien Peelen, Ivo Valkenburg, Gary Zukav, Linda Francis et Marci Shimoff, de leur amour et de leur soutien sans limite.

Mes remerciements vont également à:

Judith Curr, qui dirige avec dynamisme les éditions Atria Books du groupe Simon & Schuster, ainsi que sa fabuleuse équipe, notamment son excellente éditrice Leslie Meredith. Et bien sûr, l'équipe de ma maison d'édition VBK/Kosmos aux Pays-Bas: Wiet de Bruijn, Martine Litjens, Dorien van Londen, Pieter de Boer, Simone Regouin et Yolande Michon.

Alain de Levita, patron de la société de production NL Film, et son équipe dévouée, ainsi que Drew Heriot, qui a réalisé le film *L'Infinie Puissance du cœur.*

Quelques personnes qui ont apporté un soutien particulier à notre projet: Annemarie Fioole-Bruining, Fleur van Dijk, Carolyn Rangel, Kim Eng, Wendy Zahler, Simon Greiner, Frans Schraven, Han Kooreneef, Richard Rietveld, Ted Baijings, Fred Matser, Aldo de Pape, Bob Levine, Lilou Macé, Gaby Boehmer, Kim Forcina et Len Branson.

Et enfin, mes chers parents, Thera Lubbe Bakker et Arnold de Pape.

CRÉDITS PHOTOGRAPHIQUES

Page ii: Photo copyright Balazs Kovacs Images / Shutterstock; Page viii: Portrait of Baptist de Pape by Gerry Hurkmans; Page 8: Getty Images by Betsie Van Der Meer; Page 14: Photo copyright melis / Shutterstock; Page 22: Photo copyright MJTH / Shutterstock; Page 24: Portrait of Neale Donald Walsch by Christopher Briscoe; Page 27: Portrait of Marci Shimoff by Kate sZatmari; Page 32: Brand New Images / Getty Images; Page 35: Portrait of Paulo Coelho by Paul Macleod; Page 44: Photo copyright XiXinXing / Shutterstock; Page 49: Portrait of Jane Goodall by Stuart Clarke; Page 53: Portrait of Michael Beckwith by Rawtographer; Page 58: Tim Robberts / Getty Images; Page 66: Photo copyright Subbotina Anna / Shutterstock; Page 69: Portrait of Eckhart Tolle by David Ellingsen; Page 78: Photo copyright MJTH / Shutterstock; Page 83: Portrait of Linda Francis by Christopher Briscoe; Page 86: Portrait of Gary Zukav by Christopher Briscoe; Page 92: Photo copyright Kichigin / Shutterstock; Page 95: Portrait of Maya Angelou by Perry Hagopian / Contour by Getty Images; Page 105: Portrait of Isabel Allende by Lori Barra; Page 108: Photo copyright Eugene Sergeev / Shutterstock; Page 122: Portrait of Joe Dispenza by Stacey McRae Photography; Page 126: RunPhoto / Getty Images; Page 133: Portrait of Deepak Chopra by Todd MacMillan @ gotoddrun; Page 142: Photo copyright Surkov Vladimir / Shutterstock; Page 147: Portrait of Dean Shrock © Chris Graamans; Page 154: Photo copyright Rock and Wasp / Shutterstock; Page 161: Portrait of John Gray courtesy of the author; Page 172: Portrait of Marianne Williamson by Rich Cooper; Page 176: Nicholas Monu / Getty Images; Page 185: Portrait of Ruediger Schache by Christoph Vohler; Page 194: Photo copyright MJTH / Shutterstock; Page 199: Portrait of Howard Martin by Gabriella Boehmer—Heartmath Public Relations; Page 206: Photo copyright Balazs Kovacs Images / Shutterstock; Page 216: Portrait of Rollin McCraty by Gabriella Boehmer—Heartmath Public Relations.

Texte de Baptist de Pape • Contributions de : Isabel Allende ; Maya Angelou ; Michael Beckwith ; Deepak Chopra ; Paulo Coelho ; Joe Dispenza ; Linda Francis ; Jane Goodall ; John Gray ; Rollin McCraty ; Howard Martin ; Ruediger Schache ; Marci Shimoff ; Dean Shrock ; Eckhart Tolle ; Neale Donald Walsch ; Marianne Williamson ; Gary Zukav • Illustrations et conception : Simon Greiner, Inc. • Mise en page : Dana Sloan • Conception couverture : Jeanne Lee • Présidente et éditrice : Judith Curr • Éditrice : Leslie Meredith • Producteurs du film : Baptist de Pape, Arnoud Fioole, Mattijs van Moorsel • Réalisateur : Drew Heriot